KB111415

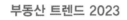

부동산 트렌드 2023

| **일러두기** |

1. 이 책에 실린 부동산 거래현황, 시세 등의 자료는 서울대학교 공유도시랩의 데이터입니다. 출처가 다른 것은 별도로 표기했습니다.

2. 모든 데이터와 결과 값은 집필 시점을 기준으로 한 것으로, 최대한 집필 시점을 함께 명기했습니다. 기준금리 등의 경제지표는 가능한 한 최신 것을 반영했습니다.

3. 본문 내용과 관련해 설명을 보충할 수 있는 유튜브 동영상, 이자 계산기 등을 QR코드로 삽입했습니다. 또한 337쪽에 있는 QR코드를 통해 '김경민 연구소 멤버십 NFT'를 발급받을 수 있습니다.

하버드 박사 김경민 교수의 부동산 투자 리포트

부동산 트렌드 2023

대폭락을 기회로 전환하는 법

김경민 지음

와이즈맵

혼돈의 2023년,
위기에 가려진 기회를 잡아라

2021년 '부동산 광풍'이 지나가고 완연한 하락세에 접어들었다. 내 집 마련에 대한 간절함으로 '영끌'한 사람들, 유행을 따라 꼬마빌딩을 샀다가 고점에 물린 사람들, 금리 인상으로 이자 폭탄을 맞은 투자자들 모두 다 갑작스러운 부동산 가격 하락에 당황하고 있다. 필자는 전작 《부동산 트렌드 2022》에서 집값 하락을 경고하며 금리 인상 시나리오별 서울, 강남3구, 노도성 지역의 아파트 가격 하락 폭을 제시한 바 있다. 당시에는 서울 아파트 가격 평균 17% 하락이라는 숫자에 충격을 받고 믿을 수 없다는 반응을 보이는 사람이 많았지만, 예측은 결국 적중했다. 문제는 앞으로다.

현재 글로벌 경제의 화두는 단연 '인플레이션'이다. 물가를 잡기 위한 미국 연준(연방준비제도이사회)의 금리 인상 의지는 강경하고, 그에 따라 우리나라 부동산 시장도 긴장 상태다. 지속적인 금리 인상에 대출을 많이 써 집을 산 사람들은 비명을 지르고 있고 일부에서는 급매물이 나오고 있다. 부동산 시장이 2008년 금융위기 때보다도 못한 거래량을 보이며 그야말로 얼어붙었다. 당분간은 이런 흐름이 지속될 것으로 보인다.

하지만 버블이 꺼지고 나면 분명 '기회'가 올 것이다. 부동산은 상승과 하락의 사이클을 반복한다. 현재 전국의 집값이 빠르게 하락하고 있는데, 다음에 가장 크게 상승할 곳은 어디인지, 또 방어력이 가장 좋은 곳은 어디인지를 미리 찾아야 한다. 본서에서는 그 가이드를 제시할 것이다. 지금은 공포에 빠질 때가 아니라 다가올 거대한 기회를 잡기 위해 준비를 단단히 해야 할 시기다. 부동산 기본기를 다지며 적극적으로 시장을 살펴 다음 기회를 잘 활용하기를 바란다.

이번 《부동산 트렌드 2023》에서는 '상권 트렌드'에 보다 집중했다. 지난 책에서 부록으로 다뤘던 '핫 플레이스'를 더욱 확장해 전국에서 가장 기대되는 7곳을 소개했다. 불황의 시기에도 MZ세대가 줄을 서는 가게들이 있다. 상권도 트렌드에 따라 계속 변한다. 요즘 눈에 띄는 변화는 명동, 북촌, 압구정 로데오 같은 1세대 상권의 부활이다. 책에서는 핫 플레이스의 어떤 요인이 소비자들의 발길을 끌고 있고, 어떤 지역적 장점이 상권을 견인하고 있는지 자세히 소개했다. 창업을 준비 중이거나 상가 매입을 고려 중인 사람, 핫 플레이스가 궁금한 사람들 모두에게 도움이 되길 바란다.

　Part1에는 지난 《부동산 트렌드 2022》에서 예측한 서울 아파트 가격 시나리오를 리뷰했다. 또한 선정했던 5개 핫 플레이스의 근황을 살펴봤다. Part2는 빅데이터를 통해 서울과 전국 부동산을 해부해 지역별, 수도권 권역별, 서울시 구별로 각 지역의 가격 흐름에 대한 특징을 담았다. 또한 강남3구와 노도성 지역 아파트의 대장 단지 가격 트렌드도 분석했다. Part3에는 현재 부동산 시장에서 가장 뜨거운 빅이슈 7가지를 소개했다. 영끌족, 꼬마빌딩, 똘똘한 한 채, 월세 트렌드, 거래 절벽 현상 등 투자자들이 반드시 알아야 할 사항들을 살펴봤다. Part4에서는 빅데이터를 통한 예측 모델로 서울, 강남3구, 노도성 지역의 2023년 부동산 가격 시나리오를 예측했다. 가격 하락 폭 분석을 통해 저평가 아파트 단지와 매수 시기에 대한 상세한 분석을 담았다. Part5에서는 F&B 창폐업 빅데이터와 MZ세대 팬덤 브랜드 입지 분석을 통해 선정한 7개의 핫 플레이스를 소개했다. 앞으로 크게 성장할 것으로 기대되는 지역들을 소개하며 해당 상권의 입지가 가진 장단점과 문화적 특징, 유명 상점, 시세 동향까지 담았다. 또한 필자의 의견에 더해 현장에 있는 다양한 부동산 전문가들과의 인터뷰를 수록했다.

책에서 제시하는 여러 부동산 트렌드와 빅이슈, 데이터는 비단 2023년에만 한정된 것이 아니다. 부동산은 여러 경제지표에 의해 움직이는 종합적인 자산이다. 부동산 투자를 잘하기 위해, 아니 적어도 무리해 내 집 마련을 하려다 생활의 안정을 해치지 않기 위해서는 어떤 요소가 시장에 어떤 영향을 미치는지 그 관계에 대한 깊은 이해가 필수다. 인플레이션, 고금리, 고환율, 에너지 위기, 글로벌 공급망 문제 등으로 2023년은 부동산 시장뿐 아니라 경제 전체가 혼란한 한 해가 될 것으로 예상된다. 이 책이 그런 위기 속에서 유용한 정보와 분석으로 든든한 길잡이 역할을 해줄 수 있으면 좋겠다. 그래서 힘든 시기가 지나간 뒤 이 책을 읽은 사람들 모두가 희망과 기회를 볼 수 있기를 바란다.

2022년 10월 김경민

차례

Part 1
2022년 부동산 시장 다시 보기

Part 2
빅데이터로 분석한 서울&전국 아파트

2022년
부동산 시장
다시 보기

집값 하락 시나리오는
100% '적중'했다

영끌족의 가세로 노도성의 아파트 가격은 큰 폭으로 상승했으며 급기야 강남3구보다도
투자수익률이 낮아지게 되었고, 이는 객관적으로 버블임이 확실했다. 노도성의 버블은
2021년 11월부터 터지면서 가격 하락이 가속화되고 있다.

예고되어 있던 슈퍼 인플레이션

부동산 투자에 있어 수입은 크게 두 가지다. 임대 수입과 매매 차익 수입. 임대 수입에 관심 있는 사람들은 다세대·다가구주택의 월세나 아파트 전월세 가격이 향후 상승할지를 주의 깊게 본다. 반면 매매 차익에 관심 있는 사람들은 주택 가격 상승 여부에 관심을 갖는다. 부동산 시장이 대세상승기일 때, 보다 큰 이익을 제공하는 쪽은 매매 차익이다. 따라서 부동산 (개인)투자자들은 임대보다는 매매 시장에 더 큰 관심을 가질 수밖에 없다.

필자는 2021년 11월 출간한 책《부동산 트렌드 2022》에서 금리 변화에 따른 미래 매매가격 시나리오를 제시한 바 있다. 분석 당시 가장 중요한 변수로 인플레이션과 기준금리(이자율)를 꼽았고, 미래의 기준금리 변화가 각각 서울 전체, 강남3구(강남구, 서초구, 송파구), 노도성(노원구, 도봉구, 성북구) 지역 아파트 가격에 어떠한 영향을 줄지(얼마나 하락할지)를 예측했다.

《부동산 트렌드 2022》에서 기준금리가 1.5%로 상승할 경우 아파트 매매가격 하락 폭은 다음과 같을 것으로 제시했다.

금리 인상에 따른 서울시 아파트 매매가격 시나리오(2021년 예측)

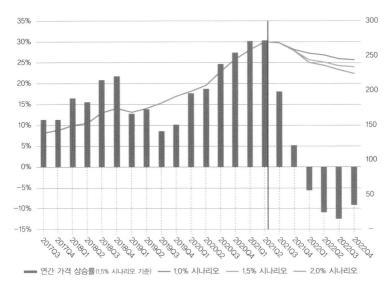

■ 연간 가격 상승률(1.5% 시나리오 기준) ── 1.0% 시나리오 ── 1.5% 시나리오 ── 2.0% 시나리오

서울시	2021년 고점 대비 10~17% 하락
노도성	2021년 고점 대비 10~17% 하락
강남3구	2021년 고점 대비 7~13% 하락

그리고 기준금리 2.0% 상황에서의 아파트 매매가격 하락 폭은 다음과 같이 예상했다.

서울시	2021년 고점 대비 14~20% 하락
노도성	2021년 고점 대비 17~23% 하락
강남3구	2021년 고점 대비 12~18% 하락

2022년 7월 현재, 기준금리는 2%대이며 실제 가격 하락 폭은 아래와 같다. 전부 작년 《부동산 트렌드 2022》를 통해 예측한 범위에 있다.

서울시	2021년 고점 대비 20% 하락
노도성	2021년 고점 대비 20% 하락
강남3구	2021년 고점 대비 15% 하락

미래 가격 예측은 매우 힘든 작업이며 많은 가정을 필요로 한다. 그리고 이 가정에는 데이터 분석을 바탕으로 한 '연구자의 주관'이 개입된다. 필자는 하버드대학 졸업 후 미국 상업용 부동산 리서치 회사의 선임연구원으로 일하며 유럽과 아시아 글로벌 도시의 상업용 오피스 건물 가격과 임대료, 공실률을 예측하는 모델링을 담당했었다. 작년과 올해 책에 적용한 모형은 해당 모형을 우리나라 주택 시장에 맞게 재설계한 것이다. 계량경제 모형을 기반으로 한 방법론이지만 다양한 테스트를 거쳐 최적의 모델을 선정해 예측에 활용했다.

그러나 모형이 아무리 잘 설계되었다고 하더라도 러시아-우크라이나 전쟁 발발이나 IMF 사태, 정치인들의 용적률 인상 결정과 같은 예상할 수 없고 통제하기 힘든 외부 변수가 개입되는 경우, 모형의 예측 결과는 현실과 매우 다를 수 있다.

《부동산 트렌드 2022》에서 모형에 가장 큰 영향을 준다고 봤던 요인은 '슈퍼 인플레이션의 도래'였다. 모형을 설계한 2021년 7월에는 인플레이션이 지금처럼 큰 이슈는 아니었다. 하지만 필자는 미국이 2008년 금융위기에 대처할 때보다 더 막대한 규모의 돈이 시장에 풀린 점, 최저임금 인상, 중국과의 무역 전쟁, 코로나 사태로 인한 글로벌 공급망 문제 등으로 거대한 규모의 인플레이션이 올 것이라 생각했다.

인플레이션은 부동산과 헷지hedge(가격 변동 위험을 방어하는) 관계에 있다. 인플레이션으로 물가가 오르면 건설에 쓰이는 원자재, 원자재로 만드는 공산품, 인건비의 상승이 연쇄적으로 발생해 결과적으로 건설비가 오른다. 건설비 인상은 부동산 가격에 반영되므로 슈퍼 인플레이션이 오는 경우 부동산 가격은 폭등한다. 따라서 인플레이션은 부동산을 상승시키는 결정적 요인이다.

미국은 1970년대 엄청난 규모의 인플레이션을 경험한 후로 인플레이션 상황을 결코 용인하지 않는다. 인플레이션은 시중에 풀린 유동 자금으로 인한 효과가 크기 때문에, 다시 물가를 안정시키고 시장에서 통화량을 회수하기 위해 '기준금리 인상'이라는 대처 방법을 사용한다. 그리고 금리 인상은 부동산 시장에 부정적이다.

따라서 2021년 여름 필자가 바라본 2022년 부동산의 이슈는 매우 상반된 두 가지 요소(인플레이션과 기준금리 인상)가 부동산 가격에 어떠한 영향을 미칠 것인가였다. 미국 연방준비은행은 어떠한 수단을 써서라도 인플레이션을 막으려 할 것이기 때문에, 인플레이션이 크게 오면 올수록 더 높은 기준금리로 대응할 것이라는 시나리오를 선택했다. 더하여 (안타깝지만) 우리나라 경제는 미국 경제의 영향을 크게 받는 입장이기에, 우리나라 경제상황이 상대적으로 미국보다 양호하다 해도 미국 연방준비은행의 기준금리 인상에 맞춰 우리나라도 금리를 올릴 수밖에 없다고 판단했다. 따라서 예측 모형에서 가장 중요한 변수는 '기준금리'이고 금리 변화에 따라 부동산 가격이 어떻게 움직이느냐가 관건이었다. 하지만 기준금리 인상은 부동산 시장에 곧바로 영향을 주기보다는 시간을 두고 영향을 주는 만큼 3~6개월 이후 부동산 시장에 영향을 미칠 것으로 보았다.

기준금리가 2%대가 된 2022년 7월 현재, 작년 고점 대비 가격은 15~20% 낮아졌지만, 2022년 말에는 더 하락할 가능성이 매우 크다고 본다. 참고로 필자가 운영하는 부동산 오픈데이터 플랫폼 부트캠프(BOOTCAMP.NEWS)에서 업데이트된 매매가격을 확인할 수 있다.

부트캠프

노도성 버블이 꺼진다

《부동산 트렌드 2022》에서 분석한 다른 특이사항은 노도성 지역이 강남3구보다 가격이 더 빨리, 더 많이 떨어진다는 것이었다. 서민 주택이 많은 노도성 지역 아파트 가격 자체는 강남3구에 비해 낮지만, 가격에 낀 버블이 상당하다고 보았다. 그 근거는 1)노도성 지역 부동산의 투자수익률(=1년 치 월세/가격)이 강남3구보다 낮아진 점 그리고 2)노도성 지역에 대출과 영끌을 활용한 투자가 많다는 점이었다.

이후 다시 설명하겠으나 부동산 투자에서 가장 중요한 지표는 '투자수익률'이다. 투자수익률의 분자는 1년 치 월세(월세에서 각종 비용을 뺀 순운영수입)이며 분모는 가격이다. 그런데 일반적으로 고가 주택은 동일한 임대 수입 대비 가격이 높다. 따라서 강남3구의 투자수익률은 전국에서 가장 낮다. 강남3구의 투자수익률은 일반적으로 노도성보다 낮아야 하며, 노도성의 투자수익률은 정상적인 시장 상황에서는 강남3구보다 높아야 한다. 그런데 2021년 하반기, 노도성의 투자수익률이 강남3구보다 낮아지는 일이 발생했다. 이것은 분모인 가격(노도성의 가격)에 합리적인 수준 이상의 수요가 붙으면서 버블이 낀 것이라 볼 수 있었다.

이에 더해 2020년 후반부터 임대차 3법이 실시되고 6억 원 이하 아파트가 많은 노도성 지역은 영끌족의 매수 타깃이 되었다. 많은 젊은 직장인들이 주택금융공사의 모기지 대출에 더해 추가 신용대출을 부담하면서까지 구매행렬에 가담했다. 노도성의 단일 주택 가격 자체는 저렴할지라도 대출 비중이 강남보다 높아진 것이다. 영끌족의 가세로 노도성의 아파트 가격은 큰 폭으로 상승했으며 급기야 강남3구보다도 투자수익률이 낮아지게 되었고, 이는 객관적으로 버블임이 확실했다. 노도성의 버블은 2021년 11월부터 터지면서 가격 하락이 가속화되고 있다.

핫 플레이스들의 근황은 어떨까?

《부동산 트렌드 2022》에서 부동산 빅데이터 분석을 통해 가장 유망한 미래 핫 플레이스 5곳을 선정했었다. 그 지역들은 성수동, 을

《부동산 트렌드 2022》에서 선정한 핫 플레이스 TOP 5

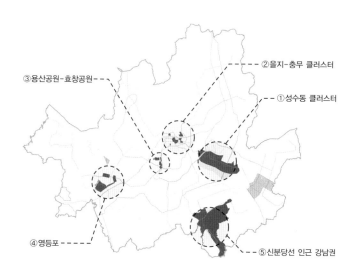

지-충무 클러스터, 용산-효창공원 인근, 영등포(문래동), 양재천 인근이었다. 이 지역들은 정말 기대한 만큼 인기를 끌고 있을까?

핫 플레이스 예상지는 지속적으로 성장세를 구가하고 있다. 명품 브랜드 디올Dior이 성수동에 단독 매장 '디올 성수'를 오픈하면서 성수동은 위세가 지속되고 있다. 을지로 일대는 대규모 오피스텔 개발로 막대한 거주인구 유입이 예상됨과 동시에 서울시는 세운상가 일대 초고층 건물 개발을 공언하고 있다. 또한 양재천 주변 역시 하루가 다르게 세련된 음식점과 카페가 입점하고 있다.

그러나 무엇보다도 2022년 가장 주목받은 지역은 '용산-효창공원 일대'다. 2022년 3월, 대통령실이 삼각지 동남 블록의 용산공원 내 국방부 건물로 이주하며 이 지역은 기존과 다른 차원으로 업그레이드되었다. 대통령실과 관련한 업무 공간(오피스 공간)들이 '숙대입구역-삼각지역-용산역' 인근에 집적할 가능성이 커졌고, 개발 압력이 상승하면서 토지 시장이 변화하고 있다. 또한 새로운 수요로 인해 인근 F&B 상점들 역시 새롭게 발돋움할 가능성이 커지고 있다.

《부동산 트렌드 2022》에서 언급한 다섯 지역은 여전히 성장 가능성이 크며 앞으로 더 큰 규모의 권역화가 이루어질 것으로 보인다. 또한 코로나 기간을 거치며 오프라인 리테일에 많은 변화가 일어나고 있는 만큼 2023년 이후의 핫 플레이스는 우리가 생각지 못했던 지역도 부상할 것으로 보인다. 올해에는 범위를 전국으로 확대해 새로 소개할 만한 지역 7곳을 Part5에 담았다.

출처_〈땅집고〉, 2022. 04. 20.

'강남·광화문 비켜라'··· 용산, 상권 판도 뒤흔드나

사진출처_땅집고

윤석열 대통령 당선인이 집무실을 서울 용산 국방부 청사로 이전하는 방안을 확정하면서 그동안 광화문·여의도·강남으로 삼분됐던 서울 상권과 오피스 판도에 지각변동이 일어날지에 관심이 쏠린다. (중략)

현재 용산 상업·업무지구는 한강대로 삼각지역~한강대교 북단을 중심으로 빠르게 형성되고 있다. 대로변에 상업·업무시설과 초대형 주상복합이 들어서고 이면도로에는 이색 맛집이 하나둘 들어서면서 핫 플레이스로 떠오르고 있다.

빅데이터로
분석한
서울&전국 아파트

①

'전국' 아파트
매매 시장 분석

전국 부동산 시장의 움직임이 대한민국의 모든 권역별 아파트 시장 흐름을 대변한다고 할 수 있을까? 이어서 살펴보겠지만 수도권 아파트 시장의 흐름과 부울경(부산·울산·경남) 아파트 시장, 충청권(대전·세종) 아파트 시장, 광주·대구 아파트 시장은 전혀 다른 모습으로 움직인다.

빅데이터가 보여주는 광역시별 부동산의 미래

전국의 아파트 수는 대략 1,079만 채이며, 서울은 대략 157만 채로 전국의 14.6% 비중을 차지한다. 서울은 단연 단일 도시 중 인구 수와 가구수, 아파트 수가 압도적으로 많은 곳이다. 따라서 당연히 모든 지표에 있어 가장 관심을 갖고 볼 지역이며, 다른 도시들보다 선행하는 도시로 인식될 수 있다.

'서울' 아파트 가격은 2013년 1월부터 상승 국면으로 전환됐다. 물론 이 시점부터 급격하게 가격이 오르고 사람들이 인식하는 '폭등'이 시작된 것은 아니다. 폭등이라 인식되는 시기는 이보다 훨씬 이후다. 그럼에도 불구하고 지수를 보았을 때, 2009년부터 2012년 12월까지 장장 4년에 걸친 부동산 침체기를 벗어나 상승으로 전환한 시점은 2013년 1월이다.

여기서 우리가 알 수 있는 것은 부동산 가격이 실제로 (상승이나 하락으로) 전환되는 시점은 미처 우리가 인식하지 못한 때일 수 있다는 것이다. 즉 많은 사람이 부동산 시장에 관심을 갖지 않을 때 부동산이 상승으로 전환되거나 반대로 많은 사람이 온통 부동산에 관심을 갖고 시장이 과열되었을 때 시장의 본질적 움직임이 하락으로 반전될 수 있다.

그런데 '전국' 아파트 가격은 서울 아파트 시장보다 5개월 후인,

2013년 6월부터 상승으로 전환되었다. 서울이 움직이고 한참 후에 움직인 것으로 보인다. 부동산 시장은 대체로 전국과 서울의 가격 변곡점이 나타나는 시기가 유사하지만, 가격 상승 시에는 서울이 선행하는 경향이 있다. 또한 서울은 시장의 각종 외부 변수(규제 완화, 세제 혜택 등)에도 더 민감하게 반응한다. 하지만 하락할 때는 전국이 거의 동시에 움직이는 경우가 많다.

2013년 이후 장장 8년에 걸친 최장기간의 상승장은 서울의 경우 2021년 10월 최고점을 찍은 후 하락으로 반전했다. 2021년 10월부터 2022년 10월까지 누적 하락률은 20%에 달한다. 2022년 3월 대통령 인수위에서 규제 완화 메시지가 나오면서 강남권을 중심으로 잠시 상승세가 나타났으나, 기준금리 인상으로 인한 부동산 하방 압력이 더 강해지며 서울 아파트 시장은 다시 하락세로 돌아섰다. 현재는 부동산 침체기에 완전히 진입했다.

이번에는 전국 시장이 서울보다 한 달 먼저 하락하기 시작했다. 2021년 9월부터 2022년 8월까지 전국의 아파트 매매가격 누적 하락률은 11%다. 3월 이후 전국지수 역시 서울 아파트 시장과 같이 잠시 상승으로 돌아섰으나 다시 하락으로 반전했다.

그런데 이러한 전국 부동산 시장의 움직임이 대한민국의 모든 권역별 아파트 시장 흐름을 대변한다고 할 수 있을까? 이어서 살펴보겠지만 수도권 아파트 시장의 흐름과 부울경(부산·울산·경남) 아파트 시장, 충청권(대전·세종) 아파트 시장, 광주·대구 아파트 시장은 전혀 다른 모습으로 움직인다. 전국지수가 서울을 따라가는 모양새는 서울과 수도권의 아파트 시장이 워낙 큰 비중을 차지하기 때문에 비슷한 패턴을 보이는 것에 불과하다. 따라서 우리나라 부동산 시장을 분석할 때는 권역별 시장의 지수를 살펴봐야지, 전국지수로 아파트 시장의 방향을 판단하는 것이 언제나 옳다고 볼 수는 없다.

부동산 PLUS +

① 전국 부동산 시장과 서울 부동산 시장의 변곡점은 시기적으로 비슷하다. 특히 가격 하락 시점은 매우 비슷하며, 상승 시점은 서울이 앞선다.

② 부동산 시장의 외부 변수 중, 부동산 가격을 자극할 수 있는 요소(규제 완화, 세제 혜택 등)가 나타나면 서울이 좀 더 민감하게 움직인다.

③ 부동산 지수는 전국이 아닌 권역별로 보고 판단해야 한다.

대한민국 광역시를 중심으로 아파트 시장을 분석하면 크게 4개의 권역별 시장으로 묶을 수 있다. 1)서울과 인천, 경기도를 포함하는 수도권 시장, 2)일명 '부울경'으로 불리는 부산·울산·경남 시장, 3)충청도의 대전·세종, 4)지리적으로는 상당히 차이가 있지만 가격 흐름이 비슷한 광주·대구 시장이다. 지금부터는 각 지역 아파트 시장의 특징을 살펴보겠다.

① 수도권(서울·인천·경기) 시장

먼저 수도권 아파트 시장의 움직임을 보자. 한눈에 서울과 인천, 경기도 지역의 가격 패턴이 상당히 유사함을 알 수 있다. 그러나 비슷해 보이는 수도권 시장도 서울과 인천·경기 사이에는 두 가지 큰 차이가 존재한다.

첫째, 2017년 이후 대세폭등의 시작 시점이 다르다.

2006년 이후 서울과 인천, 경기도는 상승과 하락 시점이 모두 비슷했다. 예를 들어 2008년 글로벌 금융위기 당시 가격 하락 시점과

서울시, 경기도, 인천시 아파트 매매가격지수 추이(2006~2022년)

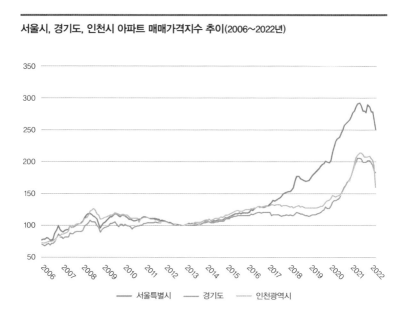

폭이 비슷했고, 큰 폭의 금리 인하로 인한 부동산 시장의 급등 시점 역시 비슷했다. 2013년 1월까지의 하락과 2017년 중반까지의 상승 역시 유사했다. 그런데 2017년 중반 이후 서울과 인천·경기 지역은 전혀 다른 움직임을 보여줬다.

인천은 2013년 1월부터 가격이 오르기 시작해 2017년 7월까지 5년 반 동안 32% 상승했다. 그러나 이후 2017년 7월부터 2020년 2월까지 서울은 충분한 대기 수요를 기반으로 지속적인 상승을 이어간 데 반해, 인천 아파트 시장의 가격은 하락과 정체를 오갔다. 경기도 역시 인천과 상황이 비슷했다. 2013년 1월부터 2017년 6월까지 5년 반 동안 20% 상승한 후, 2020년 2월까지 긴 정체기를 가졌다.

세 지역에서 특히 차이가 나는 부분은 아파트 가격 폭등의 시작 시점이다. 서울대학교 공유도시랩의 자체 방법론을 적용한 폭등 시점은 다음과 같다.

· 서울의 대세상승 시작 시점: 2017년 7월
· 인천의 대세상승 시작 시점: 2020년 2월
· 경기도의 대세상승 시작 시점: 2020년 2월

이 결과를 보면 서울이 폭등을 시작한 후, 2년 8개월이 지나서야 인천과 경기도 아파트 가격의 폭등이 시작되었음을 알 수 있다. 상당한 시차가 존재하는 것이다. 그리고 인천과 경기도 지역의 아파트 가격 폭등이 시작된 시점은 공교롭게도 코로나 유행이 시작된 후 한국은행이 기준금리를 인하한 시기와 겹친다.

둘째, 상승 시점은 차이가 있으나 하락 시점은 동일하다.

서울과 인천, 경기도 모두 2021년 4분기에 가격 하락이 시작되었다. 앞선 설명에서 서울 부동산은 가격 상승 시에 전국 부동산을 선행하는 경향이 있으며 하락 시점은 동일하다고 했다. 2017년 이후 서울과 인천·경기도 부동산은 폭등의 시작 시점에서 크게 차이 났다.

비록 인천과 경기도가 2020년과 2021년 2년간 상당한 폭등세를 구가한 것은 사실이나, 여기서 주의할 부분은 2017년 중반 서울과 인천·경기도가 각각 상승과 하락(정체)으로 패턴이 분화된 시점부터 2021년 4분기까지의 누적 상승률이다.

부동산은 장기투자 상품이기에 1년 치 연간 상승률보다는 장기간의 누적 수익률이 더 중요하다. 예를 들어 2021년 한 해 동안 A지역 상승률이 10%이고 B지역 상승률이 8%라고 해서, A지역을 B지역보다 좋은 투자처로 인식하는 것은 옳지 않다. 2017년 이후 6년간의 누적 상승률이 A지역은 10%이고 B지역이 40%라고 할 때, 좋은 투자처는 당연히 B지역이기 때문이다.

서울과 인천·경기도 지역의 누적 상승률을 볼 때, 인천과 경기는 서울의 누적 상승률을 훨씬 하회한다. 따라서 2017년 서울과 인천 지역 중 인천을 선택한 사람은 2022년 현재, 서울로의 진입은 힘들 수 있다. 폭등과 폭락의 시차에 따른 선택이 누적 상승률의 차이라는 결과를 만들어낸 것이다.

부동산 PLUS ⊕

---

① 서울과 인천·경기도의 하락 시점은 비슷하나 대세상승 시작 시점은 다르다.

② 서울은 주변의 풍부한 대기 수요로 인해 2017년부터 지속적으로 상승했지만, 인천·경기도는 2017년부터 2020년 초까지 하락 및 정체기를 경험했다.

③ 2020년과 2021년, 인천과 경기도의 가격 폭등기는 기준금리가 대폭 인하되었던 과잉 유동성 기간과 겹친다.

④ 따라서 유동성이 사라지는 경우, 경기도와 인천 지역의 가격은 코로나 전인 2020년 2월 가격으로 회귀할 가능성이 있다(이는 2017년 가격과 비슷한 수준일지도 모른다).

⑤ 2022년 8월 현재 서울과 인천은 2021년 2월, 경기도는 2021년 6월 가격 수준으로 회귀한 상황이다.

---

② 부울경(부산·울산·경남) 시장

부울경(부산·울산·경상남도) 시장은 서울과 상당히 다른 양상을 보인다. 서울 아파트 시장은 2006년부터 2008년 중순까지 폭등한 후 2008년과 2009년 글로벌 금융위기로 큰 변동성을 보이고, 2010년부터 2013년까지 지속적으로 하락했다. 그런데 부울경 아파트 시장은 서울과 달리 2006~2008년 완만한 성장세를 보였고, 2008~2009년 글로벌 금융위기의 충격(가격 폭락)을 경험하지 않았

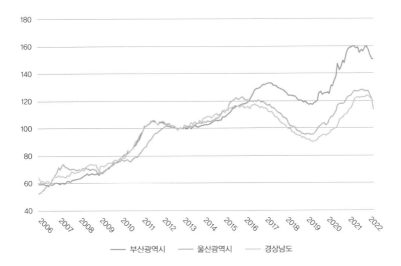

부산시, 울산시, 경상남도 아파트 매매가격지수 추이(2006~2022년)

으며, 2010~2012년 서울 아파트 가격이 하락하는 동안 오히려 상승했다. 즉, 2000년대 중반부터 2010년대 초반까지 부울경 시장의 흐름은 서울과 정반대였다.

　다만 2010년대 중반에는 서울과 부울경 시장 사이에 커플링coupling (상호 연관된 움직임)이 발생했다. 2013년부터 2017년 6월까지 부울경 시장은 서울 시장과 비슷한 성장세를 보이며 완만하게 상승했다.
　그러나 부울경은 이후 또 다시 서울 아파트 시장과 상이한 움직임을 보여줬다. 2017년 7월 서울이 대폭등을 시작했음에도 부산은 2017년 3분기부터 2019년 8월까지 가격이 하락했다. 15개월간 가

서울과 부울경 아파트 시장 흐름(2006~2012년)

	2006~2008년	2008~2009년	2010~2012년
서울	폭등	큰 변동	하락
부울경	완만한 상승	안정	상승

격이 대략 12% 하락했다. 2019년 9월부터는 서울과 마찬가지로 지속적으로 상승했으나, 가격이 꺾이는 시점은 서울보다 빠른 2021년 3분기였다.

울산과 경남은 움직임이 서로 매우 유사한데, 울산은 2013년부터 2016년 3월까지 상승 후 하락으로 전환해 부산과 동일하게 2019년 3분기까지 하락했다. 3년 반 동안 무려 22% 하락했다. 울산 아파트 시장의 위기는 조선업이 위기에 처한 시점과 겹친다. 지역 경제의 한파가 자연스레 주택 시장에 전달된 것이다.

당시 울산 아파트 시장의 하락 폭이 상당해서, 2020~2021년 아파트 가격이 크게 상승했음에도 2022년 1분기 최고점 가격은 2016년의 최고점 가격과 큰 차이가 나지 않는다. 울산은 지역 경제의 중요성을 알려주는 사례로, 향후 지역 경제가 성장하는 경우 다른 지역에 비해 하락세가 완만하거나 상대적으로 안정적인 시장이 될 수 있다. 하지만 지역 경제 성장이 지체되거나 지역 내 아파트 공급이 큰 폭으로 증가하는 경우는 전혀 다른 방향으로 전개될 수 있다.

조선업의 불황으로 위기가 찾아왔던 울산 아파트 시장
출처_"'공장이 떠난 도시' 울산 동구 ①도로 신입", 〈한겨레〉, 2019.07.17.

 부동산 PLUS

- 부울경 시장은 2000년대 중반부터 2010년대 중반까지 서울 아파트 시장보다 좋은 결과를 보여줬다.
- 그러나 부울경 시장이 지난 3년간 상승했다는 사실만으로 이 지역을 장밋빛으로 보는 것은 위험하며, 장기적 관점에서 부동산 시장을 조망해야 한다.
- 지역 경제에 문제가 발생하거나 수요가 줄어드는 경우, 서울과 패턴이 다를 수 있다.

③ 대전·세종 시장

　세종은 2010년대 중반 이후, 도시로서의 형태를 완성해가는 중이다. 세종과 인근의 대도시인 대전의 아파트 가격 움직임은 매우 유사하다. 우선 세종보다 긴 가격 패턴을 보여주는 대전 아파트 가격을 살펴보면, 부울경과 마찬가지로 2006년부터 2013년까지의 패턴이 서울과 전혀 다르다.

　2006~2008년 서울 아파트 가격 폭등 시기, 대전의 아파트 가격은 정체(약간 하락)되어 있었고, 2008~2009년에는 글로벌 경제위기의 파고에서 벗어나 있었다. 오히려 2008년부터 2011년까지 가격이

서울시, 대전시, 세종시 아파트 매매가격지수 추이(2006~2022년)

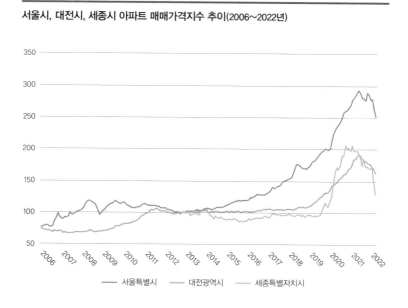

상승했다.

대전 부동산 가격은 2011년 10월 고점을 찍은 후, 2018년 9월까지 7년간 기나긴 정체기를 가졌다. 서울이 2013년 이후 상승세를 이어간 것과 전혀 다른 상황이다. 인근의 세종이 대규모로 개발되며 대전 아파트 시장에 영향을 미친 것이다. 대전 아파트 시장은 2019년 7월부터 본격적으로 상승했으나, 2021년 10월을 기점으로 하락 반전 후 시장이 빠르게 식고 있다. 27개월간의 폭등기에는 아파트 가격이 대략 68% 상승한 것으로 집계된다.

대전 아파트 시장의 긴 정체기는 매우 독특한 아파트 문화를 만들어냈다. 지역에 새로운 아파트 단지가 준공되는 경우, 수요가 해당 단지로 이동하는 것이다. 이처럼 가격대가 매우 안정적인 시장이라면, 큰 비용을 들이지 않고 새로운 아파트 단지에서 새로운 라이프스타일을 경험하려는 수요가 생길 수 있다.

세종은 대전과 매우 유사한 패턴을 보이지만 둘 사이에는 시차가 존재한다. 서울과 인천의 사례에서도 보았듯이 수도권의 제2도시인 인천은 서울이 먼저 상승한 후 시차를 두고 상승이 시작되었다. 대전과 세종의 경우도 대전이 먼저 상승한 후 세종이 상승하기 시작했다. 세종은 2019년 12월부터 본격적인 상승을 시작해 2021년 6월 최고점을 찍은 후 급격히 하락하고 있다. 18개월이란 짧은 기간에 무려 108%나 폭등했지만, 빠른 상승만큼 빠른 하락을 보여줬다. 2021년 6월부터 2022년 8월까지 37.1% 하락했다.

- 대전·세종은 움직임에 큰 변화가 없는 안정적인 시장이라는 특징이 있다. 크게 아파트 가격이 떨어지지 않았다는 특장점이 존재한다.
- 하지만 2020~2021년의 폭등은 과잉 유동성 기간과 겹치기에 기준금리 인상으로 유동성이 없어지면 가격이 떨어질 가능성이 농후하다. 만약 고점에 물리는 경우, 변동 폭이 약한 시장이라는 특징으로 말미암아 장기간 매우 힘든 상황에 직면할 수 있다.
- 그럼에도 안정적 가격대의 시장이라는 특징은 매매를 하지 않고 전세를 살아도 좋은 시장이라는 장점을 제공한다.

④ 광주·대구 시장

광주와 대구는 거리가 먼 곳에 위치한, 공간적으로 전혀 다른 부동산 시장이다. 그럼에도 불구하고 가격 패턴이 매우 유사하다는 흥미로운 특징을 보여준다. 다만 두 시장 중 대구가 광주에 비해 상승 폭과 하락 폭이 크다.

두 시장의 특징은 '가격 우상향 트렌드에서 약간의 진폭이 있다'는 점이다. 부울경과 대전·세종과 마찬가지로 2000년대 중반부터 2010년대 초반까지 두 도시는 서울과 전혀 다른 패턴을 보여줬다. 2008년 하반기 글로벌 금융위기 때 서울이 7개월간 20% 하락하는 와중에 두 도시의 하락 폭은 4%에 불과했다. 글로벌 위기에 대한 체감도가 서울과 완전히 다른 상황이었다. 그리고 서울과 달리 광주·대구의 아파트 가격은 2009년 1월부터 2015년 4분기까지 지속적으로 상승했는데, 이 81개월간의 누적 상승률은 광주 87%, 대구 106%에 이른다.

그런데 두 도시는 2015년 10월부터 2017년 1월까지 15개월간의 짧은 정체기를 가진 후, 다시 조금씩 상승을 이어가더니 2020년 5월부터 대구가, 2020년 9월부터는 광주가 폭등하기 시작했다. (안정적인 성장이 아닌) 사람들이 체감하는 폭등장의 시작은 2020~2021년 과잉 유동성 기간과 겹친다.

서울시, 광주시, 대구시 아파트 매매가격지수 추이(2006~2022년)

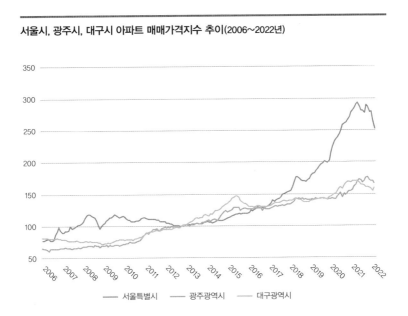

여기서 한 가지 짚고 넘어갈 부분은 서울을 제외한 다른 광역시들의 폭등장 시작 시기가 2020~2021년이라는 점이다. 광역시들이 2020년과 2021년에 경험한 대폭등은 과잉 유동성과 관련이 있으며, 이것이 걷힐 때 가격이 어느 정도 하락하느냐가 큰 관건이 될 것이다. 따라서 기준금리 인상이 광역시 부동산의 가격에 어떻게 작용할지는 지속적으로 관찰해야 한다.

부동산 PLUS

- 과거 광주와 대구는 물가상승률(인플레이션) 수준의 상승을 구가하는 매우 안정적인 시장이었다.
- 과잉 유동성이 해소되면서 생길 충격과 과잉 공급량이 시장에 나오며 야기할 충격이 부동산 가격에 어떤 영향을 미칠지 살펴봐야 한다.
- 과거와 같이 '약간의 우상향 트렌드 속에서 약간의 상승과 하락'을 하던 모습과 전혀 다른 상황이 나타날 수 있다.

'수도권' 아파트
매매 시장 분석

많은 신도시들이 2020년 이후 가격 폭등을 경험했다. 이들은 2010년대에 가격이 매우 안정적이었는데, 한국은행이 기준금리를 낮추면서 가격 폭등이 시작되었다. 따라서 다시 기준금리를 빠르게 올리는 경우, 2020년 이후의 상승분을 반납할 가능성이 크다.

수도권 신도시 아파트는 서울 아파트 시장의 강력한 영향 아래 있다. 그리고 이들 신도시는 각각 가까운 거리에 있는 서울의 대장 구(동남부: 강남구, 동북부: 노원구, 서북부: 마포구, 서남부: 양천구)의 가격에 특히 민감하게 반응한다. 서울과 인근 신도시는 크게 네 권역으로 구분할 수 있으며, 권역별 대장 구와 인근 신도시의 가격 트렌드에는 많은 흥미로운 특징들이 잡힌다. 서울의 권역별 대장 구와 신도시 리스트는 아래와 같다.

· 동남부 : 서울시 강남구 vs 경기도 성남시 분당구, 용인시 수지구
· 동북부 : 서울시 노원구 vs 경기도 남양주시, 의정부시
· 서북부 : 서울시 마포구 vs 경기도 고양시 일산, 파주시
· 서남부 : 서울시 양천구 vs 경기도 김포시, 안양시 동안구

수도권 권역별 대장 구와 신도시

서북부		동북부	
· 서울시 마포구	· 고양시 일산 · 파주시	· 서울시 노원구	· 남양주시 · 의정부시
서남부		동남부	
· 서울시 양천구	· 김포시 · 안양시 동안구	· 서울시 강남구	· 성남시 분당구 · 용인시 수지구

① 수도권 동남부_강남, 분당, 수지

먼저 '수도권 동남부' 아파트 시장의 움직임을 살펴보자. 수도권 동남부에 해당하는 강남구와 경기도 신도시들의 가격 패턴은 거시적으로 상당히 유사하게 움직이며, 크게 3가지 특징을 보여준다.

첫째, (너무나 당연하게도) 수도권 동남부 아파트 가격 폭등의 진앙지는 '강남구'다.

강남구 아파트 가격이 폭등하기 시작한 후, 일정한 시차를 두고 경기도 신도시 아파트 시장의 가격 폭등이 일어난다. 서울대학교 공

강남구, 분당구, 수지구 아파트 매매가격지수 추이(2006~2022년)

유도시랩의 자체방법론으로 분석한 수도권 동남부 지역 가격 폭등 시점은 다음과 같다.

· 서울시 강남구 폭등 시작 시점 : 2016년 4월
(서울시 전체는 2017년 7월)
· 성남시 분당구 폭등 시작 시점 : 2017년 7월
· 용인시 수지구 폭등 시작 시점 : 2018년 2월

흥미로운 점은 지역들 사이의 '시차'다. 강남구와 바로 인접한 성남시 분당구의 폭등 시작 시점의 시차는 1년 3개월인데, 성남시 분당구와 용인시 수지구는 7개월이다. 서울시 강남구 → 성남시 분당구 → 용인시 수지구 순의 가격 전파는 단계별로 각각 1년 3개월, 7개월이 걸리면서 이루어졌다. 비록 폭등 시점은 상이하나, 가격의 등락은 크게 보면 강남구와 분당구, 수지구가 매우 비슷하게 움직인다.

둘째, 폭등 시점은 상이하나, 가격 하락 시점은 큰 틀에서 모두 동일하다.
세 지역 모두 2021년 4분기를 기점으로 가격이 하락 반전했다.

셋째, 2013년부터 2021년 4분기까지의 누적 상승률을 보면 분당구는 강남구에 필적한다. 그러나 용인시 수지구의 누적 상승률은 강남구 및 분당구에 훨씬 못 미친다.

동일 기간 강남구 아파트 가격의 누적 상승률은 217%이며 분당구는 199%로 대동소이하다. 그러나 수지구의 누적 상승률은 150%로 강남구 누적 상승률의 약 70%에 불과하다. 즉 2013년 강남구와 수지구 중 어느 지역을 선택해 투자했느냐에 따라 10년 후의 수익률은 엄청난 차이가 날 수 있다.

그러나 보다 최근인 2017년 3분기부터 2021년 4분기까지의 누적 상승률을 보면 가장 높은 성과를 보여준 곳은 분당구다. 분당구의 상승률은 108.8%로 강남구의 89.1%를 압도한다. 이는 2017년 3분기 이후 강남구의 가격 상승이 상대적으로 분당구보다 완만했음을 알려준다.

결국 수도권 동남부 아파트 데이터가 주는 인사이트는 두 가지다. 1) 분당구는 강남구의 대체재로 기능하며, 2) 강남구 투자 시점을 놓친 수요자에게 분당구는 매력적인 대안이 될 수 있다는 점이다.

② 수도권 동북부_노원, 남양주, 의정부

수도권 동북부의 대장 구는 노원구이며, 노원구와 연동해 볼 수 있는 신도시는 남양주와 의정부이다. 물론 남양주 거주민 중 강남으로 출퇴근하는 사람들이 많은 것은 사실이나, 가격의 흐름을 보면 남양주는 노원구와 상당히 밀접한 관계가 있음을 알 수 있다. 또한

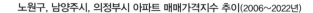

노원구, 남양주시, 의정부시 아파트 매매가격지수 추이(2006~2022년)

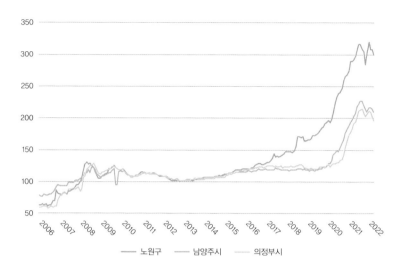

동북부의 두 신도시 남양주와 의정부는 2010년부터 2020년까지 가격의 변화가 없었다는 특징이 보인다.

수도권 동북부 부동산 시장에 나타나는 특징은 크게 3가지다.

첫째, 수도권 동북부 아파트 시장도 가격 폭등 시작 시점에는 상당한 시차가 존재한다.

· 서울시 노원구 폭등 시작 시점 : 2017년 6월(서울시 2017년 7월)
· 남양주시 폭등 시작 시점 : 2020년 3월

· 의정부시 폭등 시작 시점 : 2020년 2월

앞서 강남구가 2016년 4월에 가격 폭등이 시작되었다고 설명했는데, 노원구는 2017년 6월 폭등이 시작되었다. 즉, 같은 서울 안에서도 공간적 거리를 두고 폭등 시작 시점이 매우 다른 것이다. 그리고 노원구와 인근 신도시의 가격 패턴을 보면, 폭등 시작 시점의 시차가 상당히 큰 것을 알 수 있다. 동남부에서 강남구와 분당구의 시차는 약 1년 3개월인 데 반해, 동북부에서는 노원구가 2017년 6월 폭등을 시작한 후 약 2년 8개월이 지난 2020년 2월에서야 의정부가, 그리고 2020년 3월에 남양주가 폭등을 시작했다.

시기적으로 보았을 때, 2010년대를 통틀어 가격이 전혀 움직이지 않았던 남양주와 의정부 아파트 시장이 상승하기 시작한 시기는 코로나 유행이 시작된 후 한국은행이 기준금리를 인하한 시기와 맞물린다. 원래 가격 변동이 없던 매우 조용한 시장에 유동성이 풀리면서 가격이 움직인 것이라면, 역으로 유동성을 잡는 순간(기준금리를 빠르게 올리는 순간) 이 지역 아파트 가격의 하락 폭이 어떻게 될지는 주의해서 살펴봐야 한다.

둘째, 가격 하락 시점은 동일하다.
강남구가 2021년 4분기 가격 하락을 시작했듯이, 노원구 역시 2021년 4분기부터 하락이 시작되었는데 이는 남양주와 의정부도 마찬가지다.

셋째, 2017년 6월부터 2021년 말까지의 누적 상승률에는 큰 격차가 존재한다.

해당 기간인 4년 반 동안 노원구의 누적 상승률은 121.7%인 데 반해, 남양주는 85.5%, 의정부는 65.5%에 불과했다. 각각 노원구 누적 상승률의 70.3%, 53.8%에 해당하는 수준이다. 2017년 6월에 수도권 동북부 아파트에 투자한 사람이 있다면 노원구와 남양주, 의정부 중 어떤 지역을 선택했느냐에 따라 투자수익률에 큰 영향이 있었을 것이다.

③ 수도권 서북부_마포, 일산, 파주

수도권 서북부의 대장 구는 마포구이며 이 지역 부동산 가격은 인근의 일산과 파주에 큰 영향을 미친다. 여기서도 몇 가지 공통된 현상을 살펴볼 수 있다.

첫째, 2010년대 중반 이전과 이후, 일산과 마포의 위상은 다르다.

분당과 함께 제1기 신도시의 대표 주자로 볼 수 있는 일산은 2010년대 중반까지만 하더라도 마포구보다 가격 상승 폭이 조금 높은 수준이었다. 신도시로서 일산의 주거환경이 마포구보다 좋았고 이것

마포구, 일산, 파주시 아파트 매매가격지수 추이(2006~2022년)

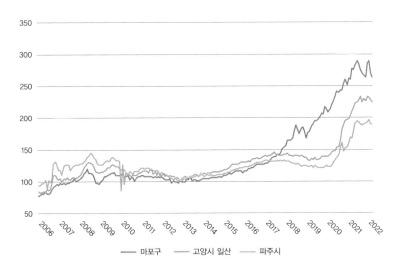

―― 마포구　　―― 고양시 일산　　―― 파주시

이 가격에 반영되었던 것이다. 그런데 2010년대 중반 이후, 마포구에 재개발 단지들이 속속 들어서며 상황은 완전히 역전되었다. '마래푸(마포래미안푸르지오)'로 대변되는 아현동 일대 재개발 아파트 단지의 가격은 특정 평형대의 경우 강남 일부 지역에 필적하기도 했다. 2017년 중반 이후, 마포구는 가격이 급격히 상승했지만 일산은 오히려 가격이 2019년 말까지 하락했다.

둘째, 가격 폭등 시작 시점에는 상당한 시차가 존재한다.

· 서울시 마포구 폭등 시작 시점 : 2017년 7월 (서울시 2017년 7월)

· 고양시 일산 폭등 시작 시점 : 2019년 12월
· 파주시 폭등 시작 시점 : 2020년 7월

마포구의 가격 폭등 시작 시점은 강남구보다 1년 늦다. 그리고 일산은 마포구보다 2년 반이 늦은 2019년 12월, 파주는 그보다 더 지나 2020년 7월 가격 폭등이 시작되었다. 일산 신도시는 동북권의 남양주와, 파주는 동북권의 의정부와 가격이 움직이는 시점이 비슷하다. 남양주와 의정부의 경우처럼 일산과 파주 역시 유동성이 풀린 시점에 가격이 움직였다. 이 두 지역의 가격을 유의해서 보아야 하는 이유는 2010년대 후반(2017~2019년) 서울의 대다수 지역의 가격이 폭등하는 시기에 이들 지역은 오히려 하락을 경험했기 때문이다. 따라서 유동성이 잡히는 순간 이 두 지역의 가격 흐름은 특히 주의 깊게 살펴봐야 한다.

셋째, 가격 하락 시점은 동일하다.
2021년 4분기, 마포구와 일산 신도시, 파주 모두 가격 하락이 시작되었다.

넷째, 누적 상승률은 마포구〉일산 신도시〉파주 순이다.
2017년 7월부터 2021년 12월까지의 누적 상승률을 보면, 마포구 95.8%, 일산 신도시 58.2%, 파주 42.3%로 나타난다. 동일한 제1기 신도시인 분당이 누적 상승률 측면에서 강남구와 유사한 결과를 낸

데 반해, 일산 신도시는 마포구에 훨씬 못 미친다. 이는 수도권 서북부 시장에서 일산의 위상이 과거보다 낮아지며 마포구에 자리를 내준 결과로 볼 수 있다.

④ 수도권 서남부_양천, 안양, 김포

수도권 서남부의 대장 구는 양천구이며, 주변 신도시로는 김포와 안양의 동안구(제1기 신도시 평촌)가 있다. 수도권 서남부 시장에서는 3가지 특징이 포착된다.

양천구, 김포시, 동안구 아파트 매매가격지수 추이(2006~2022년)

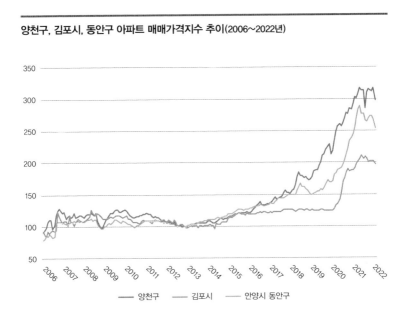

첫째, 수도권 서남부 시장의 시차이다.

· 서울시 양천구 폭등 시작 시점 : 2016년 6월(서울시 2017년 7월)
· 안양시 동안구 폭등 시작 시점 : 2018년 8월
· 김포시 폭등 시작 시점 : 2020년 7월

양천구는 강남구와 비슷한 시점에 가격 폭등이 시작되었다. 강남구보다 불과 한두 달 늦은 시기에 폭등이 시작된 것이다. 그리고 안양의 동안구가 그보다 2년 뒤인 2018년 8월에, 김포는 또 2년 뒤인 2020년 7월에 폭등이 시작되었다.

사실 안양 동안구는 양천구와 매우 비슷한 패턴으로 움직인다. 이는 강남구와 분당구의 가격 흐름을 연상시킨다. 같은 제1기 신도시여도 대장 구와 신도시의 관계를 살펴보면, 강남구와 분당구는 대체재로서의 관계가 있으나, 마포구와 일산 신도시는 상하의 위계를 보이고, 양천구와 안양 동안구는 그 중간 정도에 위치한다. 그리고 이런 특징은 누적 상승률에서도 드러난다.

둘째, 누적 상승률은 양천구〉안양 동안구〉김포 순이다.

2016년 6월부터 2021년 말까지의 누적 상승률을 보면, 양천구 124%, 안양시 동안구 105.9%, 김포시 75%로, 양천구가 가장 높으나 압도적으로 안양 동안구보다 높다고 볼 수는 없다. 따라서 수도권 서남부에서 양천구 투자 시점을 놓친 경우, 안양 동안구는 대체재까지는 못 되더라도 나쁜 대안은 아닐 수 있다.

셋째, 가격 하락 시점은 동일하다.
양천구와 안양 동안구, 김포 모두 2021년 4분기를 기점으로 가격 하락이 시작되었다.

[김경민의 노트] 서울 근교 신도시, 이 곳에 산 사람들이 제일 돈 벌었다?

- 서울에서는 강남구가 가장 먼저 움직인다. 그리고 양천구가 움직이며, 다른 구들의 가격이 움직인다. 지역의 소득 수준에 기반해 가격 상승 시점에 차이가 존재할 가능성이 있다.

- 서울의 대장 구와 인근 신도시는 가격 폭등 시작 시점이 다르다. 강남구와 분당구의 시차는 1년이나, 다른 대장 구와 인근 신도시는 2년 이상이다.

- 많은 신도시들이 2020년 이후 가격 폭등을 경험했다. 이들은 2010년대에 가격이 매우 안정적이었는데, 한국은행이 기준금리를 낮추면서 가격 폭등이 시작되었다. 따라서 다시 기준금리를 빠르게 올리는 경우, 2020년 이후의 상승분을 반납할 가능성이 크다.

- 제1기 신도시의 위상은 신도시마다 다르다. 분당구는 강남구의 대체재로 작용한다. 그러나 일산 신도시는 마포구에 가격 선도지역으로서의 위상을 빼앗겼다. 양천구와 평촌(안양시 동안구)의 관계는 그 사이에 있다.

- 서울의 모든 구와 신도시는 동일한 시점에 가격이 하락한다.

- 서울의 대장 구와 신도시의 가격 상승 시점이 매우 상이한데 가격 하락 시점이 동일하다는 것은 누적 상승률의 큰 격차로 나타날 수 있다 (분당구는 예외다). 이는 어느 시점에 어느 지역에 투자하느냐에 따라 장기적인 투자수익률이 극명하게 다를 수 있음을 암시한다.

- 서울과 광역시의 가격 흐름뿐만 아니라 서울과 주변 신도시의 가격 흐름 역시 다르다. 그렇다면 미래의 주택 시장은 수도권과 비수도권이 아니라 서울(인근의 일부 주요 신도시 포함)과 비서울로 재편될 수도 있다.

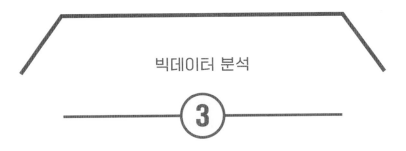

빅데이터 분석

③

서울시 '구별' 아파트 매매 시장 분석

강남3구와 노도성 두 아파트 시장은 각각 부유층 위주 시장과 서민층 시장을 대표하는 곳으로 서울에서 가장 중요한 아파트 시장으로 볼 수 있다.

강남3구_고가 아파트의 가격 변화

　서울의 아파트 수는 대략 157만 채이며, 강남3구(강남구, 서초구, 송파구)에 약 31만 채(19.6%) 노도성(노원구, 도봉구, 성북구)에 약 30만 채(18.8%)가 존재한다. 서울 25개 자치구 중 6개 자치구의 아파트 수가 전체의 40% 비중을 차지하고 있는 것이다. 그 중에서도 강남3구와 노도성 두 아파트 시장은 각각 부유층 위주 시장과 서민층 시장을 대표하는 곳으로 서울에서 가장 중요한 아파트 시장으로 볼 수 있다.

강남구, 서초구, 송파구 아파트 매매가격지수 추이(2006~2022년)

먼저 강남3구 아파트 시장의 움직임을 살펴보자. 강남3구에 해당하는 자치구들의 아파트 가격 패턴은 거시적으로 상당히 유사하게 움직인다. 이 지역 아파트 가격의 특징을 보면 폭등 시작 시점에 차이가 있지만, 급락 시점은 동일하다.

앞에서 설명한 것과 같이 강남3구 아파트 가격 폭등의 진앙지는 '강남구'로 나타나며 강남구의 폭등은 2016년 4월부터 시작되었다. 서초구와 송파구는 2개월 뒤인 2016년 6월부터 시작되었다. 그러나 강남3구에 속한 자치구 모두 2021년 10월 최고가를 달성한 후 2021년 11월부터 급락이 이어졌다.

여기서 살펴볼 점은 급락이 시작된 후부터 2022년 6월까지 해당 지역 아파트 가격이 얼마나 하락했는지다. 2022년 6월, 강남3구의 고점 대비 하락률은 다음과 같다. 송파구가 12.4%로 가장 큰 폭으로 하락했고, 강남구가 9.7%로 그 뒤를 잇는다. 서초구는 4.9%로 다른 두 지역에 비해 상대적으로 적은 하락률을 보였다.

· 강남구: 9.7% (317.0 → 286.2)

· 서초구: 4.9% (283.7 → 270.0)

· 송파구: 12.4% (310.6 → 272.2)

노도성_서민 아파트의 가격 변화

노도성에 해당하는 자치구들 역시 아파트 가격 패턴은 거시적으로 유사하게 움직이며 폭등 시작 시점에 차이가 있지만, 급락 시점은 거의 같다. 노도성 아파트 시장 가격 폭등의 진앙지는 '노원구'이며 2017년 6월부터 시작되었다. 강남보다 1년 이상 늦게 폭등했고, 서울 전체와 비슷한 시점에 폭등이 시작되었다. 또한 약 9개월 뒤인 2018년 3월 성북구에서, 그보다 5개월 뒤인 2018년 8월 도봉구에서 폭등이 시작되었다. 노원구와 도봉구 폭등 시작 시점 사이에 1년 2개월이라는 시차가 존재하는 것이다.

노원구, 도봉구, 성북구 아파트 매매가격지수 추이(2006~2022년)

노도성 시장에서 노원구, 성북구, 도봉구 순으로 폭등이 시작한 것인데, 이는 노도성 아파트 시장에서 노원구가 상대적으로 시장을 이끄는 지역임을 알려준다.

그러나 노원구와 성북구는 2021년 11월에, 도봉구는 2021년 12월에 급락이 시작되었다. 폭등은 상당한 시차를 두고 시작했지만 급락은 거의 비슷한 시점에 이루어진 것이다. 여기서 흥미로운 부분은 누적 상승률을 보았을 때, 도봉구와 성북구가 노원구의 상승률을 따라오지 못한다는 점이다. 이는 2021년 4분기 고점 대비 현재까지의 하락률에서도 나타나는데, 노원구보다는 성북구와 도봉구의 하락률이 더 크다. 2022년 6월 기준, 노도성 지역 아파트의 고점 대비 하락률은 다음과 같다.

· 노원구: 8.0% (316.8 →→ 299.6)

· 도봉구: 15.5% (296.5 → 260.6)

· 성북구: 12.8% (272.0 → 241.2)

노원구가 누적 상승률이 가장 높고 하락률이 상대적으로 낮다. 그 이유는 노원구 아파트 시장에 노후화된 아파트 단지들이 많아 상당수가 재건축 이슈를 갖고 있기 때문이다. 즉, 재건축을 통해 미래에 새롭게 변화할 수 있다는 기대감이 가격에 반영되고 있어 상대적으로 하락률이 낮은 편인 것이다. 도봉구와 성북구는 《부동산 트렌드

2022》에서 예측했던 바와 같이 금융 유동성으로 인해 15% 가까이 하락한 것을 볼 수 있다.

부동산 PLUS ⊕

- 강남3구는 모두 가격 상승 시점과 하락 시점이 유사한 흐름이다.
- 그러나 노도성 시장에서 노원구는 도봉구, 성북구와 다른 모습을 보여준다.
- 재건축 이슈가 많은 구는 시장의 전반적인 상황이 안 좋더라도 미래 가격 상승에 대한 기대감이 반영되면서 가격 하방 방어력이 강한 편이다.

서울시 구별
'대장 단지' 분석

가격 버블의 정점에 물린 경우 10년 이상을 견뎌야 할 수도 있다. 이는 강남도 예외가 아니다. 여기에 도곡렉슬이 주는 가장 큰 인사이트가 있다. "강남불패는 없다!"

왜 대장 단지인가?

서울의 구별 아파트 가격 추이를 보면 전반적인 가격 흐름이 비슷하게 움직이지만 세부적으로 들여다보면 매우 다른 움직임을 포착할 수 있다. 예를 들어 같은 서울일지라도 강남구와 노원구의 가격 흐름은 상승 시작 시점과 상승 유지 기간, 시기별 상승 폭 등에서 큰 차이가 있다. 이는 서울이 하나의 단일 시장인 동시에 서울 내에 다양한 하위 시장이 존재함을 보여준다.

현재 우리나라에서는 다양한 기관(한국부동산원, KB국민은행, 서울대 공유도시랩 등)이 '서울시 구별 아파트 가격지수'를 발표하고 있다. 아파트 가격지수는 특정 시점(서울대 공유도시랩의 경우 2013년 1월)의 가격을 100으로 놓고 이전과 이후의 상대적 가격을 알려준다. 다만 이 데이터는 한 구의 가격 흐름을 알려줄 수는 있지만 서로 다른 구의 가격 차이를 알려주지는 못한다. 예를 들어 강남구 가격지수는 2013년 1월에 100.0이고, 2022년 3월에는 308.1로 해당 기간 208.1%p 상승했으며, 노원구는 해당 기간 100.0에서 320.2로 220.2%p 상승했음을 알려주지만, 강남구의 평균 가격이 노원구의 평균 가격보다 얼마나 높았는지는 알 수 없다.

그런데 주택 수요자들은 아파트 가격이 현재까지 몇 퍼센트 상승 혹은 하락했는지를 궁금해하기도 하지만 거주하려는 평형대의 아파트(25평형 혹은 33평형 아파트) 가격이 2013년에는 얼마였고 2022년 현재는 얼마인지 구체적인 가격 정보를 더 필요로 한다. 그렇게 해야 자신만의 준거 가격 기준을 설정할 수 있고 이에 맞춰 경제행위를 할 수 있기 때문이다. 따라서 아파트 '가격지수'뿐 아니라 해당 구의 대장 단지 대표 평형의 '가격' 움직임도 매우 중요한 정보이다. 그중에서도 대장 단지 가격의 움직임이 중요한 이유는 크게 두 가지다.

첫째, 소비자 입장에서 좀 더 직관적인 정보이기 때문이다. 예를 들어 33평형대 매물의 2013년 평당가격과 2022년의 평당가격을 비교하면 해당 매물이 그 기간에 얼마나 상승 혹은 하락했는지 쉽게 이해할 수 있다.

둘째, 아파트 지수와 대장 단지의 밀접한 관계 때문이다. 만약 대장 단지의 '가격'과 아파트 '가격지수'가 서로 상이하게 움직인다면 둘 중 하나가 큰 문제가 있는 정보다. 아파트 가격지수 생성에는 대장 단지 거래가 큰 비중을 차지하며 많은 영향을 끼친다. 아파트 가격지수는 각 시기에 거래된 다양한 유형의 아파트들과 아파트가 속한 단지들의 성격들이 고려되어 정해진다. 대장 단지의 가격 움직임이 구별 아파트 가격지수에 영향을 주는 것이다.

그럼 지금부터 본격적으로 강남3구와 노도성강 지역의 대장 단지를 살펴보도록 하자.

- 대장 단지는 지수를 대변한다.
- 대장 단지 아파트 가격은 직관적으로 이해 가능하다.
- 대장 단지의 대표 평형은 대개 25평형 혹은 33평형이다.

강남3구 대장 단지_강남구 도곡렉슬, 송파구 '엘리트'

서울에는 2022년 7월 현재 대략 2,622개의 아파트 단지가 있다. 가장 세대수가 많은 아파트는 송파구에 있는 헬리오시티로 9,510세대가 있으며, 가장 세대수가 적은 곳은 50세대의 답십리 소재 아파트 단지다. 단지별 평균 세대는 597세대이며 1,000세대 이상 아파트 단지는 376단지, 3,000세대 이상은 34단지에 이른다.

여기서 눈에 띄는 부분은 3,000세대 이상 단지가 송파구(9단지)와 강남구(4단지), 서초구(2단지) 등 강남3구에 절반 정도 몰려 있다는 점이다. 강동구(4단지)를 포함할 경우, 대다수가 강남권에 있는 것이다. 이는 1970년대 신도시 개발의 형태로 토지가 구획되며 대규모 블록 개발이 이루어졌던 역사에 기인한다.

3,000세대 단지 34개 중, 2000년 전후 준공되어 현재 재건축 이

슈가 없는 단지는 대략 18개다. 재건축 아파트 단지는 정부에서 작은 규제 완화 메시지가 나오는 경우도 가격 급등 가능성이 있기 때문에 단지 차원의 분석에 있어 주의가 필요하다. 예를 들어 강남구의 압구정 현대아파트와 도곡렉슬은 거시적으로 함께 움직이는 것으로 보이지만 2022년 3월 이후 흐름은 매우 달랐다. 재건축 이슈가 있는 압구정 현대아파트는 3월 대통령 인수위에서 규제 완화 메시지가 나올 때 이상 급등 거래 케이스가 잡히기도 했다.

따라서 강남3구의 대장 단지 가격 흐름을 보기 위해 재건축 이슈가 없는 단지를 선택했으며 강남구는 도곡렉슬(3,002세대)을, 송파구는 잠실동 엘리트(엘스, 리센츠, 트리지움, 총 14,937세대)를 선정해 분석했다. 송파구 '엘리트'는 잠실새내역(구 신천역)을 중심으로 과거 주공아파트들이 재개발되어 2007~2008년 준공된 아파트 단지들이다. 이들은 가격대와 흐름이 거의 유사하다. 이처럼 통계적으로 샘플이 많고 거래 건수가 많으면 안정적인 시계열 정보를 줄 수 있는 만큼 15,000세대 단지의 구체적 가격은 매우 유용한 정보이다. 모든 대장 단지의 대표평형은 33평형을 위주로 분석했다. 이유는 3~4인 가구가 가장 선호하는 평형대이며 (단지마다 상이하긴 하나) 대개의 단지에서 가장 많은 세대수가 있는 평형대이기 때문이다.

① 강남구 도곡렉슬
강남구 도곡동의 도곡렉슬은 2006년에 준공되어 3,002세대가 거

강남구 대장 단지 도곡렉슬　　　　　　　　　　　　출처_네이버 거리뷰

주하는 대규모 단지다. 이 단지의 33평형대 세대는 2006년 1분기부터 최근까지 768건(분기별 평균 12건) 거래되었다. 그러나 2021년 10월부터는 거래가 분기별 1건씩만 이루어지는 등 급감한 상황이다.

2006년 1분기에 거래된 16건의 평균 매매가격은 대략 11억 9,000만 원이었으며, 2022년 1분기에는 31억 3,000만 원으로 지난 16년간 누적 상승률은 163%에 달한다.

과거 트렌드를 구체적으로 시기별로 나눠본다면 2006~2012년 (상승 후 하락기), 2013~2015년(안정, 상승 진입기), 2016~2021년(폭등기), 2022년~(하락 진입기)로 구분할 수 있다.

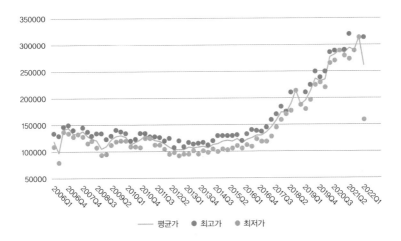

도곡렉슬 33평형대 거래가격 추이(2006~2022년)　　　　　　　단위: 만 원

- 평균가　● 최고가　● 최저가

제1기(2006~2012년)

　2006년부터 2012년 말까지 도곡렉슬 33평형대는 급등-급락-급등-급락의 사이클을 반복했다. 2006년 2월 입주가 시작된 도곡렉슬은 과거 5층 규모의 도곡아파트가 재건축된 단지로, 강남구에서 압구정 (구)현대아파트 다음으로 규모가 크다. 2000년 이후 테헤란로 이남의 도곡·역삼·대치·개포 권역에서 이루어진 가장 큰 규모의 재건축 아파트 단지여서 화제가 됐다. 그리고 이는 입주와 동시에 가격에 반영되었다. 2006년 2월 11억 원대에서 거래가 시작되었던 도곡렉슬 33평형대는 같은 해 10월 15억 원을 찍었다. 1년 내 최저가와 최고가를 비교하면 무려 36%의 상승이었으며, 2006년 1분기 평균가(11억 9,000만 원)와 2006년 4분기 평균가(14억 3,000만 원)

도곡렉슬 제1기 가격 흐름

기간	추세	평균가격 추이	변화율
2006년 2월~2006년 12월	급등기	11억 9,000만 원 → 14억 3,000만 원	20% 상승
2007년 1월~2008년 12월	급락기	14억 3,000만 원 → 10억 4,000만 원	27% 하락
2009년 1월~2009년 12월	급등기	10억 4,000만 원 → 12억 9,000만 원	24% 상승
2010년 1월~2012년 12월	급락기	12억 9,000만 원 → 10억 3,000만 원	20% 하락

를 비교하더라도 20%의 폭등을 보여준 시기였다.

이후 2007년 1분기부터 2008년 말까지 가격은 지속적으로 하락했다. 특히 2008년 하반기 글로벌 금융위기를 맞으면서 이 지역 역시 전반적인 강남권 아파트 하락세에 맞춰 가격이 급락했다. 2006년 1년간의 짧은 폭등장 이후 폭락장을 맞은 것이다. 2007~2008년 2년간 가격은 무려 27% 하락했다.

2006년 최고가 15억 원을 찍었던 도곡렉슬은 2008년 12월 9억 4,000만 원의 신저가 거래가 나타났다. 2008년 4분기 평균 가격은 10억 원에 불과했다. 불과 1년 사이에 11억 원에서 14억 원으로, 그리고 2년 만에 다시 10억 원으로, 짧은 기간에 급등과 급락을 경험한 것이다.

그러나 한국은행의 금리 인하로 인해 시장에 유동성이 돌고, 우리나라가 글로벌 위기를 잘 극복하면서 2009년 들어 상황은 다시 역전됐다. 평균 가격은 12억 9,000만 원으로 치솟아 다시 1년 만에

24% 상승했다. 2009년 3분기에는 14억 원을 찍기도 했다.

2010년에 들어오면서는 이명박 정권에서 강남권 보금자리아파트 계획을 시행해 다시 2013년 1월까지 3년에 걸친 가격 하락을 경험하게 됐다. 동 기간 도곡렉슬 33평형대는 20% 하락했다. 그야말로 가격이 롤러코스터를 타던 시기다.

제2기(2013~2015년)

외부 경제위기(IMF 위기 혹은 2008년 글로벌 위기)나 정책 충격(보금자리 정책과 같은 대규모 정부 주도 공급)이 없었음에도 부동산 가격이 하락하는 지역은 사실 문제가 있는 지역이다. 해당 지역의 경제가 침체되면서 사람들이 지역을 떠나거나 소득이 줄어들어 부동산에 투자할 여건이 형성되지 않는 곳이 그렇다. 따라서 우리가 '부동산 안정기'를 정의할 때 가격 하락 시기를 안정기로 보아서는 안 된다. 부동산 가격의 하락은 무언가 문제가 발생한 상황으로 부동산 폭등만큼 문제가 있는 시기로 인식해야 한다. 오히려 부동산은 인플레이션 수준으로 상승하는 것이 좋다.

2013~2015년은 2010년대 초반의 하락장을 마무리하고 강남 33평형 아파트를 10억 원 내외로 매입 가능했던 시기였다. 평균가격은 7%대 상승을 보여줬으나 저가로 거래된 케이스는 안정적이었다. 당시 도곡렉슬 33평형대 평균가격은 다음과 같다.

· 2013년 4분기: 10억 7,000만 원

· 2014년 4분기: 11억 4,000만 원

· 2015년 4분기: 12억 3,000만 원

그리고 2013~2015년 연도별 최저가는 아래와 같았는데, 저가 아파트 물량의 경우 2010년대 중반기에는 10억 원 전후 물건을 수월하게 찾을 수 있는 시기였다.

· 2013년 4분기: 9억 5,000만 원

· 2014년 4분기: 9억 8,000만 원

· 2015년 4분기: 10억 3,000만 원

제3기(2016~2021년)

2016년부터 2021년까지는 대세 폭등기로 불릴 만하다. 33평형대 평균가격이 11억 6,000만 원(2016년 1분기)에서 28억 8,000만 원(2021년 4분기)으로 6년간 누적 148% 상승한 시기였다. 연도별 4분기 평균가격은 아래와 같다. 괄호 속 숫자는 전년 동 분기 대비 상승률이다.

· 2016년 4분기: 13억 원

· 2017년 4분기: 15억 8,000만 원(+22%)

· 2018년 4분기: 21억 원(+33%)

· 2019년 4분기: 23억 5,000만 원(+12%)

· 2020년 4분기: 28억 원(+19%)
· 2021년 4분기: 28억 8,000만 원(+3%)

2017년부터 2020년까지 매년 10% 이상 상승한 급등장세였으며, 특히 2020년과 2021년은 코로나 사태로 경기가 극도로 위축된 가운데 발생한 버블이었다. 2017년 7월에 2006년 최고가인 15억 원을 회복하는 거래가 처음 발생했고, 2018년 3분기부터 20억 원을 넘어서는 거래가 나타나기 시작했다. 2019년 4분기부터는 20억 원 이상의 가격대가 정착돼 20억 원 아래의 거래는 찾아볼 수 없게 되었다.

2010년대 중반 10억 원 전후로 거래되었던 도곡렉슬 33평형대는 2019년 4분기 이후에 20억 원 이상으로 거래되기 시작했고 2022년 1분기에는 사상 최고 거래가 31억 3,000만 원이 나타났다. 다만 분기별 11건 수준으로 거래되던 도곡렉슬 33평형대의 거래량이 급감한 상황(2021년 4분기 1건, 2022년 1분기 1건, 2022년 2분기 실질적으로 3건)은 매수세가 얼어붙은 현실을 보여준다.

도곡렉슬이 주는 인사이트는 아래와 같다.

첫째, 2010년 1월부터 2012년 12월까지 3년간의 하락기를 잊어서는 안 된다. 당시 3년은 매물이 소화되지 못하고 지속적으로 쌓였던 시기다. 그리고 강남권 아파트 가격은 3년이라는 장기간 횡보했다.

둘째, 2006년 도곡렉슬 33평형이 15억 원에 거래된 사례가 있다. 2006~2007년 14억 원 이상 거래가 무려 8건 존재한다. 그렇다면 가격이 다시 14억 원 혹은 15억 원으로 회복되는 데 몇 년이 걸렸을까? 2006년 15억 원 거래 후, 15억 원 거래가 다시 나타난 시점은 2017년 7월(15억 200만 원)로, 거의 11년이 걸렸다. 가격 버블의 정점에 물린 경우 10년 이상을 견뎌야 할 수도 있는 것이다. 이는 강남도 예외가 아니다. 여기에 도곡렉슬이 주는 가장 큰 인사이트가 있다.

"강남불패는 없다!"

② 송파구 '엘리트(엘스, 리센츠, 트리지움)'

잠실역을 중심으로 위치한 엘스, 리센츠, 트리지움은 같은 생활권의 거대 아파트 단지들이다. 각각 대략 5,000세대 규모를 자랑하며 세 단지는 '엘리트'라는 명칭으로 통용되고 있다. 2007년에 입주가 시작된 세 단지를 모두 합치면 14,937세대에 이른다.

송파구 엘리트의 가격 패턴은 강남구 도곡렉슬과 유사하다. 시기적으로 1년 후인 2007년에 준공됐으나, 흐름은 비슷하게 2007~2012년(상승 후 하락기), 2013~2015년(안정, 상승 진입기), 2016~2021년(폭등기), 2022년~(하락기)로 나뉜다.

'엘리트'의 가격 흐름이 중요한 이유는 거래량 때문이다. 2007년부터 2022년 6월까지 33평형대 거래량이 5,100건을 넘는다. 단지 사이즈와 거래 사이즈를 볼 때, 매우 안정적인 시계열 정보를 보여주는 최적의 단지인 것이다. 수학에서 이야기하는 대수의 법칙(모집단이 클수록 전체 모집단의 평균과 가까워진다는 개념)이 적용되는 단지이기에 분석에 적절하다.

송파구 '엘리트'에 속하는 잠실 리센츠　　　　　　　　출처_네이버 거리뷰

송파구 '엘리트'에 속하는 잠실 트리지움　　　　　　　출처_네이버 거리뷰

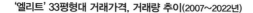

'엘리트' 33평형대 거래가격, 거래량 추이(2007~2022년) 단위: 만 원

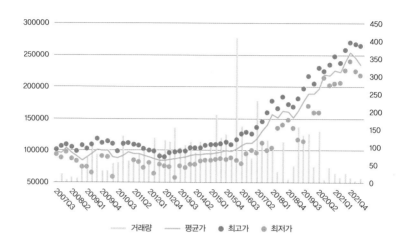

제1기(2007~2012년)

2007년 3분기부터 거래가 시작된 엘리트는 9억 8,000만 원대의 평균가격이 형성되었다. 그리고 2008년 1분기 10억 4,000만 원으로 9개월 만에 6% 상승했으나, 글로벌 금융위기가 터지면서 2008년 4분기에 8억 4,000만 원대로 1년도 안 돼 가격이 19% 급락했다.

이후 글로벌 경제위기 극복에 속도를 내면서 2010년 1분기에는 10억 원대를 회복했지만 2010년부터 2012년 4분기까지 가격은 장장 3년에 걸쳐 8억 4,000만 원으로 다시 빠졌다.

2007~2012년까지 제1기에 송파구 엘리트와 강남구 도곡렉슬을 비교하면 3가지 특징이 눈에 띈다.

송파구 '엘리트' 제1기 가격 흐름

기간	추세	평균가격 추이	변화율
2007년 3분기~2008년 1분기	상승기	9억 8,000만 원 → 10억 4,000만 원	6% 상승
2008년 1분기~2008년 4분기	급락기	10억 4,000만 원 → 8억 4,000만 원	19% 하락
2008년 4분기~2010년 1분기	급등기	8억 4,000만 원 → 10억 1,000만 원	20% 상승
2010년 1분기~2012년 4분기	급락기	10억 1,000만 원 → 8억 4,000만 원	16% 하락

첫째, 두 단지 모두 상승-급락-급등-급락을 경험했다. 7년 남짓의 짧은 기간, 2008년 글로벌 금융위기라는 외부 쇼크와 금리 인하(기준금리 5.0%에서 2.0%로 인하), 보금자리주택 공급과 같은 부동산 시장 외부의 변수로 인해 두 번의 대형 사이클이 발생한 것이다.

둘째, 강남구 도곡렉슬이 상승(하락) 시 상승(하락) 폭이 송파구 엘리트보다 크다. 이는 보다 가격이 비싼 지역의 가격 변동 폭이 크다는 사실이 반영된 것이다.

셋째, 도곡렉슬의 변동성이 큰 만큼 최고가에 물린 경우 더 오랜 시간을 버텨야 한다. 도곡렉슬이 2000년대 최고가(15억 원)에 다시 도달하는 기간은 대략 11년이었으나, 엘리트의 최고가(2009년 3분기 11억 8,000만 원)는 7년 후인 2016년 3분기에 다시 거래되었다. 부동산 시장에는 사이클이 있으며 고가 주택의 변동성이 더 크다는 부동산 시장의 통념이 강남3구에도 적용되고 있음을 보여준다.

제2기(2013~2015년)

2013년부터 2015년까지 3년간 엘리트 33평형대 가격은 매우 안정적이었다. 평균가격은 연 5% 수준의 상승률을 보여줬다.

· 2013년: 9억 원
· 2014년: 9억 5,000만 원
· 2015년: 10억 원

최저가 거래는 2014~2015년에 8억 중반대를 계속 유지했다.

제3기(2016~2021년)

2016년부터 2021년까지의 폭등기 동안, 33평형대 평균가격은 9억 8,000만 원(2016년 1분기)에서 25억 5,000만 원(2021년 4분기)으로 6년간 누적 160% 상승했다. 연도별 4분기 평균가격은 아래와 같다.

· 2016년 4분기: 11억 2,000만 원
· 2017년 4분기: 14억 1,000만 원(+26%)
· 2018년 4분기: 16억 1,000만 원(+14%)
· 2019년 4분기: 19억 원(+18%)
· 2020년 4분기: 21억 8,000만 원(+15%)
· 2021년 4분기: 25억 5,000만 원(+16%)

2017년부터 2020년까지 매년 10% 이상 상승한 급등장세였다. 이 기간 거대 단지연합체 '엘리트'에서 볼 수 있는 특이점은 2016년 2분기 거래량이다. 일반적으로 거래량이 폭발하는 시점부터 가격 상승이 가팔라진다. 예를 들어, 총 100가구가 존재하는 단지가 있다고 할 때 20가구가 특정 시기에 거래되었다면 손바뀜이 많이 일어나 이후 거래될 물량이 많지 않다(부족하다). 거기에 더해 이자율 인하와 같이 수요를 자극하는 요소가 시장에 나타난다면, 제한된 물량에 한층 높아진 수요로 인해 가격에 불이 붙기 시작한다.

엘리트 33평형대는 대략 한 분기에 85채가 거래된다. 그런데 2016년 2분기에는 거래량이 410채로 분기 평균의 5배 정도로 거래가 폭발했다. 이후 가격도 폭등하기 시작해 2021년 4분기 최고점까지 이어졌다.

· 2021년 4분기: 25억 5,000만 원
· 2022년 1분기: 24억 5,000만 원
· 2022년 2분기: 23억 5,000만 원

하지만 엘리트는 현재 분기마다 평균가격이 1억 원씩 떨어지는 중이다. 물론 분기마다 1억 원씩 하락하는 현상이 2023년 내내 진행되리라고 보지는 않는다. 그럼에도 엘리트에서 가격 하락이 시작되었다는 사실은 분명하다.

최고가 거래는 2021년 4분기의 27억 원이며, 2022년 2분기 최저가 거래는 21억 8,000만 원이다. 하지만 여기서 단순히 최고가와 최저가를 비교해 하락률을 가늠해서는 안 된다. 같은 33평형대여도 고층이면서 지하철역에 가깝거나 한강 조망이 가능한 집은 가격 자체가 높을 수 있기 때문이다. 시기별로 아파트 가격의 흐름을 살펴볼 때는 이런 점을 놓치면 안 된다.

노도성강 대장 단지_돈암동 한신한진, 미아동 SK북한산시티

강남3구에 대비되는 중산층·서민 아파트 밀집 지역으로 노도강(노원구, 도봉구, 강북구)을 많이 든다. 그러나 강북구는 아파트 단지가 많지 않기에, 노원구와 고등학교 학군이 같은(즉 같은 생활권으로 보아야 할) 성북구를 포함해 비교해야 한다. 성북구에는 강북 최대 뉴타운인 길음뉴타운이 있다. 그리고 길음뉴타운은 바로 북쪽에 강북구 미아뉴타운과 접하고 있어 함께 거대한 재개발 단지를 형성하고 있다.

강북 소재 3,000세대 이상 아파트는 총 11단지가 있으며, 노원구에 4단지, 도봉구 1단지, 성북구 1단지, 강북구 1단지가 존재한다. 그런데 이 중 노원구의 많은 단지들에 재개발, 리모델링 이슈가 존재한다. 따라서 재개발 이슈가 있는 단지를 제외하고 가장 큰 단지는 성북구 돈암동의 한신한진(3,929세대)과 강북구 미아동의 SK북한산시티(3,830세대)다. 이 두 단지를 살펴보도록 하겠다.

① **돈암 한신한진**

노도성강 지역을 선도하는 아파트 중 세대수가 가장 많은 성북구 돈암동의 한신한진은 1998년 7월에 준공된 대단지 아파트다. 이 단지의 33평형대는 2006년 1분기부터 2022년 2분기까지 총 1,094건의 매매 거래가 있었고 분기 평균 약 17건 거래되었다. 2006년 1분기 매매 거래는 총 31건으로 평균 거래액은 약 2억 5,430만 원이었으며, 2022년 2분기에 이루어진 2건의 매매가격 평균은 8억 9,000만 원이었다.

돈암 한신한진도 서울의 전체 패턴과 비슷하게 움직이며 기간을 크게 넷으로 구분 가능하다. 2006~2012년(상승 후 하락기), 2013~

노도성강 대장 단지인 돈암 한신한진　　　　　　　　　출처_네이버 거리뷰

2015년(안정, 상승 진입기), 2016~2021년(폭등기), 2022년~(하락 진입기)로 나눌 수 있다.

제1기(2006~2012년)

2006년부터 2012년 말까지의 패턴은 급등-급락-상승-하락이다. 돈암 한신한진 33평형대의 가격은 2006년부터 글로벌 금융위기 직전인 2008년 3분기까지 2억 5,000만 원에서 4억 원으로 급등한 후, 금융위기가 터지고 2009년 1분기까지 3억 4,000만 원으로 하락했다. 또한 2009년 3분기 재반등 후 2012년 말까지 지속적으로 가격이 하락했다.

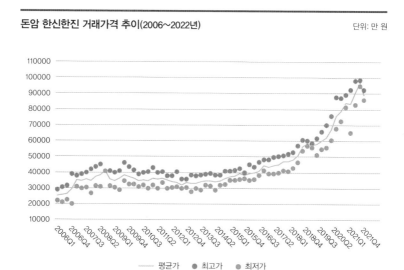

돈암 한신한진 거래가격 추이(2006~2022년) 단위: 만 원

돈암 한신한진 제1기 가격 흐름

기간	추세	평균가격 추이	변화율
2006년 1분기~2008년 3분기	급등기	2억 5,000만 원 → 4억 원	60% 급등
2008년 3분기~2009년 1분기	급락기	4억 원 → 3억 4,000만 원	15% 하락
2009년 1분기~2009년 3분기	상승기	3억 4,000만 원 → 3억 8,000만 원	12% 상승
2009년 3분기~2012년 4분기	하락기	3억 8,000만 원 → 3억 3,000만 원	12% 하락

관심 있게 볼 부분은 돈암 한신한진이 강남권 단지에 비해 상승 폭과 하락 폭이 작다는 점이다. 하락 기간이 다르기에 단순 비교는 힘드나, 제1기의 마지막 하락장의 하락 폭 12%(3년 반 기간)는 도곡 렉슬의 20%(3년간), 잠실 엘리트의 16%(3년간)에 비해 더 낮다.

이 기간 최고가는 2008년 2분기에 기록한 4억 5,000만 원과 2009년 3분기에 기록한 4억 6,000만 원이다. 그리고 이후 4억 6,000만 원에 다시 도달한 시점은 2016년 3분기로 가격 회복에 7년이 걸렸다.

한신한진 데이터로부터 알 수 있는 것은 이곳이 강남권 아파트보다 외부 충격에 의한 하락 폭이 작으며 상승 폭 또한 강남권 아파트보다 작다는 것이다. 또한 최고가에 물린 경우 강남권에 비해 더 짧은 기간에 회복 가능하다는 것도 알 수 있다.

제2기(2013~2015년)

2013년부터 2015년까지 3년간 돈암 한신한진 33평형대 가격은 매우 안정적이었다. 평균가격은 연 5% 정도의 성장률을 보여줬다.

· 2013년: 3억 4,000만 원
· 2014년: 3억 6,000만 원
· 2015년: 3억 8,000만 원

제3기(2016~2021년)

2016년부터 2021년까지의 폭등기에 33평형대 평균가격은 3억 3,000만 원(2016년 1분기)에서 9억 6,000만 원(2021년 4분기)으로 7년간 누적 191% 상승했다. 연도별 4분기 평균가격은 아래와 같다.

· 2016년 4분기: 4억 4,000만 원
· 2017년 4분기: 4억 7,000만 원(+7%)
· 2018년 4분기: 5억 6,000만 원(+19%)
· 2019년 4분기: 6억 원(+7%)
· 2020년 4분기: 7억 9,000만 원(+32%)
· 2021년 4분기: 9억 6,000만 원(+22%)

2016년부터 2020년 말까지 매년 지속적으로 10%대 이상 가격이 상승한 강남권 단지의 패턴과 다르게 한신한진의 상승 폭은 고저가 존재한다. 특히 2020년과 2021년 각각 32%, 22% 폭등한 것은 2020년 7월의 임대차 3법 시행 후 6억 원 이하 물건에 대한 투자가 몰리면서 추가 수요가 붙은 여파이다.

돈암 한신한진은 2021년 하반기 평균가격 9억 6,000만 원(최고가 9억 8,500만 원)을 찍고 현재 빠르게 하락세가 진행 중이다. 특히 염려스러운 점은 거래량인데, 2021년 4분기에 거래량이 2건에 불과하더니 2022년 1분기에는 거래가 아예 일어나지 않았다. 이는 글로벌 위기 시기였던 2008년 3분기에도 1건의 거래가 있었던 것에 비하면 매우 걱정스러운 상황이다. 게다가 당시는 거래량이 1건에 불과했으나, 2008년 4분기 5건, 2009년 1분기 9건, 2009년 2분기 26건, 2009년 3분기 26건으로 거래량이 빠르게 회복되었다. 글로벌 위기의 충격이 지속되는 가운데에서도 한신한진 33평형대는 평상적인 수준의 거래량을 금세 되찾은 것이다.

그러나 2021년 4분기부터 현재(2022년 2분기)까지의 거래량 수준은 매우 낮으며 향후 상황이 어떻게 개선될지 반드시 지켜봐야 한다. 거래량 절벽은 가격의 빠른 하락세를 부채질하고 있다. 2022년 2분기 현재, 평균 거래가격은 8억 9,000만 원으로 6개월 동안 8% 하락한 상황이다.

② SK북한산시티

강북구에서 가장 큰 단지인 SK북한산시티는 2004년에 준공되었다. 이 단지의 33평형대는 2006년 1분기부터 2022년 2분기까지 총

1,935건의 매매 거래가 있었으며 분기 평균 약 29건 거래되었다. 2006년 1분기 매매 거래량은 총 26건으로 평균 약 2억 4,951만 원이었고, 2022년 2분기에는 7건의 매매 거래가 평균 7억 8,000만 원에 이루어졌다.

　강북의 대장 단지인 SK북한산시티는 돈암 한신한진과 매우 유사하게 움직이며, 마찬가지로 기간을 크게 넷으로 구분할 수 있다. 2006~2012년(상승 후 하락기), 2013~2015년(안정, 상승 진입기), 2016~2021년(폭등기), 2022년~(하락 진입기)로 나눠 살펴보겠다.

노도성강 대장 단지인 SK북한산시티　　　　　　　　　出處_네이버 거리뷰

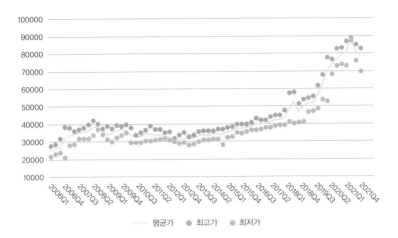

SK북한산시티 거래가격 추이(2006~2022년)   단위: 만 원

_(그래프 범례) ── 평균가　● 최고가　● 최저가

제1기(2006~2012년)

2006년부터 2012년 말까지의 패턴은 급등-급락-상승-하락이다. 2006년부터 글로벌 금융위기 직전인 2008년 3분기까지 2억 5,000만 원에서 3억 8,000만 원으로 급등한 후, 금융위기가 터지고 2009년 1분기까지 3억 4,000만 원으로 하락했다. 이후 2009년 3분기 재반등했다가 2012년 말까지 지속적으로 가격이 하락했다.

제2기(2013~2015년)

2013년부터 2015년 사이 연말 가격을 보면, SK북한산시티는 다른 지역보다 2015년의 상승세가 꽤 강했다. 그러나 이는 이후 2016년과 2017년의 낮은 상승세로 상쇄된다. 아래는 해당 기간 연말의

SK북한산시티 제1기 가격 흐름

기간	추세	평균가격 추이	변화율
2006년 1분기~2008년 3분기	급등기	2억 5,000만 원 → 3억 8,000만 원	52% 급등
2008년 3분기~2009년 1분기	급락기	3억 8,000만 원 → 3억 4,000만 원	11% 하락
2009년 1분기~2009년 3분기	상승기	3억 4,000만 원 → 3억 6,800만 원	8% 상승
2009년 3분기~2012년 4분기	하락기	3억 6,800만 원 → 3억 1,000만 원	15% 하락

가격이며 괄호 속 내용은 전년 대비 상승률이다.

· 2013년: 3억 3,000만 원(+6%)

· 2014년: 3억 4,000만 원(+3%)

· 2015년: 3억 7,000만 원(+9%)

제3기(2016~2021년)

2016년부터 2021년까지의 폭등기 동안, 33평형대 평균가격은 3억 7,000만 원(2016년 1분기)에서 8억 8,000만 원(2021년 4분기)으로 6년간 누적 138% 상승했다. 이는 돈암 한신한진에 비해 10% 정도 낮은 상승률이다. 연도별 4분기 평균가격은 아래와 같다.

· 2016년 4분기: 3억 6,000만 원

· 2017년 4분기: 4억 2,000만 원(+17%)

· 2018년 4분기: 5억 2,000만 원(+24%)

· 2019년 4분기: 5억 1,000만 원(+0%)

· 2020년 4분기: 7억 3,000만 원(+43%)

· 2021년 4분기: 8억 8,000만 원(+21%)

한신한진과 마찬가지로 해당 기간 상승 폭의 고저가 있다. 특히, 2020년(43% 상승)과 2021년(21% 상승) 폭등을 경험한 것 역시 한신한진과 같다.

거래량 급감 역시 나타나는데, 분기별 평균 29건 거래를 기록한 SK북한산시티는 2021년 4분기 2건, 2022년 1분기 6건, 2022년 2분기 7건으로 2008년 하반기 금융위기 당시 거래량과 비슷한 상황이다. 거래량 절벽으로 인해 가격은 2021년 4분기 8억 8,000만 원에서 2022년 2분기 7억 8,000만 원으로 11% 하락했다. 최저가 거래 7억 원은 2021년 1분기 최저가보다 낮은 수준이다. 2020년과 2021년, 2년간 누적 71% 상승했던 집값에는 많은 버블이 끼어 있었을 가능성이 크며 일부 버블이 꺼지는 상황이 나타나고 있다.

부동산 PLUS

- '강남불패'는 가짜뉴스다. 2006~2012년까지 강남은 급등-급락-급등-급락의 두 번의 사이클을 경험했다.

- 해당 기간 강남 아파트의 급락을 많은 사람들이 모른다면, 이는 부동산 정보의 비대칭성에서 기인했을 것이다. 만약 알고 있는데 모른척한다면, 부동산 시장에 존재하는 군중심리 혹은 과거지향적 투자 경향에서 기인했을 것이다. 따라서 부동산 시장은 합리적 의사에 의해 결정되지 않을 가능성이 큰, 항상 폭등과 폭락이 존재하는 비합리적인 시장이다.

- 저가 단지보다 고가 단지의 변동 폭이 더 크다.

- 고가 단지의 최고가에 물린 경우, 해당 가격에 도달하는 데 더 오랜 시간이 필요하다.

- 따라서 강북 단지가 리스크 관리 차원에서는 더 좋은 선택이다. 가격 방어에는 서민 아파트가 갑이다.

2023년
부동산 투자 빅이슈
TOP 7

슈퍼 인플레이션
_부동산 시장에 미치는 나비효과

인플레이션은 부동산 공급을 지체시키거나 공급가격을 인상해 미래에 시장에 나올 부동산의 가격을 올릴 가능성이 크나, 동시에 인플레이션에 대응하기 위한 이자율 상승은 부동산 수요를 즉각적으로 급감시키며 현재 부동산 가격 하방 압력으로 작용한다.

인플레이션은 부동산 시장에 어떤 영향을 줄까?

현재 글로벌 차원에서 가장 큰 이슈는 단연 '인플레이션'일 것이다. 예상보다 큰 물가상승률은 다양한 방면에서 실물경제와 부동산 시장에 영향을 미치고 있다. 인플레이션은 기본적으로 부동산에 긍정적인 영향(부동산 가격의 상승)을 미치는데, 이는 두 가지 차원에서 기인한다.

첫 번째로 인플레이션은 매우 즉각적으로 '월세 상승'을 이끈다. 최근 미국의 월세 상승이 가파르다는 뉴스가 들려오고 우리나라에서도 월세 폭등이 일어나고 있다. 인플레이션은 건물 가격의 상승을 불러오는데 건물주의 입장에서는 기존의 투자수익률을 보전하려면 건물 가격에 맞춰 임대료를 올려 받아야 하기 때문이다.

두 번째는 인플레이션이 원자재 가격 상승을 야기하면서 건설자재 비용 상승을 견인한다는 점이다. 둔촌 주공아파트를 비롯한 많은 재개발 단지에서 시공비 인상 문제로 알력이 터지는 이유다. 다만 이는 현재의 아파트 가격보다는 공사 기간 연장과 분양가 인상 등으로 인해 미래의 아파트 가격에 영향을 미친다.

반면 인플레이션은 주택 가격을 끌어내리는 효과도 있다. 가계 차원에서는 물가상승률만큼 임금이 오르지 않는 경우, 개인의 실질소득이 감소하게 된다. 그렇다면 부동산에 투자할 여력이 과거보다 줄어들게 될 것이고, 줄어든 수요는 가격 하락을 이끌 것이다. 또한 인플레이션은 경제지표에 연쇄작용을 일으키는데, 물가를 안정시키기 위해 기준금리가 인상되면 그에 따라 국고채 10년물(정부가 발행하는 10년 만기 국채) 금리도 인상되고 이는 다시 주택담보대출 금리 상승으로까지 연결된다. 주택담보대출 이자율이 현재 7%대까지도 이야기가 나오는 현실은 과거보다 더 많은 돈을 주택 원리금 상환에 소요해야 한다는 뜻이다. 이처럼 인플레이션으로 인해 투자 여력이 감소하고 금리 상승으로 주택 원리금에 돈을 더 내야 한다면, 당연히 주택 매수세가 꺾일 수밖에 없다. 거래량 절벽이 나오는 이유다.

개인이 부동산을 매입하기 위해 대출을 변동금리로 받는 경우, 인플레이션으로 인해 담보대출 금리가 인상되면 전보다 더 많은 이자 부담을 지게 된다. 그렇다면 2020년 하반기부터 2021년 사이의 부동산 상승장에 '영끌'해 주택을 구입한 사람들과 대출을 많이 일으켜 꼬마빌딩에 투자한 사람들은 예상치 못한 경제적 압박을 받게 된다. 이번 Part3에서는 인플레이션으로 인해 부동산 시장에 나타난 현상들을 살펴보고자 한다.

슈퍼 인플레이션의 강력한 연쇄효과

2022년 상반기 부동산 시장을 강타한 뉴스 중 하나는 둔촌 주공 아파트 재개발이었다. 핵심은 공사비 관련 분쟁으로 건설사는 계약 당시와 너무 달라진 물가에 공사비 인상을 요구했고 조합 측은 완강히 거절했다. 글로벌 인플레이션이 한국의 공사 현장에 영향을 미친 대표적인 사례일 것이다. 거대 아파트 단지 공사를 중단시킬 정도로 현재의 인플레이션은 상당한 수준이다. 또한 글로벌 시장에서도 인플레이션으로 인해 집값이 폭등하는 현상이 일어나고 있다. 이러한 대표 사례가 현재의 터키다. 터키의 집값은 매월 10%씩 상승하고 있다. 연간 100% 폭등한 것이다.[1]

인플레이션이 부동산에 미치는 영향은 '양면성'을 갖고 있다. 우선 인플레이션 자체는 부동산 가격에 매우 강한 양(+)의 영향을 미친다. 공사비가 증가하면 이는 신축 건물 가격의 인상으로 연결된다. 그리고 신축 건물의 가격이 인상되면 비교적 근래에 세워진 건물의 가격도 그에 맞춰 같이 상승하게 된다. 또한 인플레이션으로 인해 둔촌 주공아파트 사례와 같이 건설 관련 분쟁이 발생하거나 글로벌 병목현상으로 자재 수급이 지체되는 경우, 준공 자체가 연기되어 공급이 부족할 수 있다. 2024년으로 예정되어 있던 아파트 단지의 준공이 2025년이나 그 이후로 미뤄질 수 있는 것이다. 이는 2024~2026년 사이에 시장에 나와야 할 물건이 상당히 줄어들 수 있음을 뜻한다. 따라서 신축 건물 가격 인상과 건설 지체로 인한 물량의 저하로 부동산 가격은 장기적으로 상승할 가능성이 커진다. 인플레이션이 크게 오는 상황에서 부동산은 다양한 투자상품 중 가장 강력한 인플레이션 헷지 수단이 된다.

다만 여기서 유념할 부분은 앞서 언급했듯 인플레이션은 현재의 부동산 가격뿐 아니라 '미래'의 부동산 가격에도 큰 영향을 미친다는 점이다. 인플레이션으로 건물 건설이 지체되어 예정보다 물량이 시장에 늦게 나오면 해당 신축 아파트가 부동산 시장에 나오는 시점이 늦어지는 것이므로 부동산 시장의 가격 결정 역시 늦은 시점에 이뤄진다. 또한, 분양권이 매매되는 경우 미래에 지어질 아파트에 거주할 권리를 거래하는 것이기에 현재 존재하는 아파트들의 가격을 바탕으로 한 가격지수에는 포함되지 않는다.

인플레이션은 서민의 삶에 직격탄을 주는, 삶의 질 저하의 핵폭탄인 만큼 정부 당국은 무조건 인플레이션을 막고자 한다. 이는 제롬 파월Jerome Powell 미국 연방준비제도이사회(이하 연준) 의장의 일성에서도 나타난다. 다음은 미국에서 느끼는 인플레이션이 얼마나 심각한지를 알게 해주는 그의 발언이다. "인플레이션을 잡을 것을 강력히 약속한다. (중략) 물가 상승을 끌어내리는 것이 필수적이다. 인플레이션이 놀라운 수준이기에 정책 결정자들이 신속히 움직일 필요가 있다. (중략) 경기후퇴 가능성이 존재한다. (그런데) 가격 탄력을 회복하지 못해 높은 물가 상승이 경제 전반에 퍼지는 것은 매우 위험하다. (중략) 물가상승률을 2%대로 돌려놔야 한다."[2]

파월 의장이 이야기하는 핵심은 물가상승률이 2%대로 안정화될 때까지 강력한 통화정책을 펼친다는 것으로, 이자율을 지속적으로 올리겠다는 의지다. 이처럼 인플레이션에 대한 대응으로 정부가 이자율을 가파르게 올리는 것은 당연한 현상이다. 그리고 우리는 이 자율 상승이 반드시 부동산 가격 하락과 연결된다는 점을 생각해야 한다.

인플레이션은 부동산 수요에도 직격탄을 날린다. 앞서의 설명처럼 실물자산인 부동산에 투자하는 것은 인플레이션에 대한 헷지가 되기에 수요가 늘어나 부동산 가격이 상승할 수 있다. 그러나 이 경우 한 가지 가정이 필요하다. 사람들의 소득 수준이 인플레이션만큼 상승해야 수요가 유지된다는 것이다. 슈퍼 인플레이션으로 2022년 10억 원이었던 주택이 11억 원으로 10% 상승하는 경우, 본인 소득이 10% 상승했고 부동산 이자 부담이 동일하다면 추격 매수할 여력이 있을 것이다. 하지만 2022년 현재, 중산층과 서민들이 받는 임금소득이 인플레이션이 반영될 정도로 인상되었는지를 물으면 대개는 '그렇지 않다'고 대답할 것이다. 즉 개인들의 실질 소득은 줄어드는데 부동산 가격(호가)이 오른다 한들 추격 매수는 불가능하다.

또한, 앞선 설명처럼 미국 연준에서 기준금리를 올리면 이는 주택담보대출 금리 상승으로 바로 연결된다. 따라서 부동산 수요자들이 맞이하는 현실은 1)부동산에 투자할 자기 자금이 상대적으로 줄어든 상황에 2)매달 지불해야 할 부동산 이자가 매우 빠르게 급등하는 상황이다.

종합하자면 인플레이션은 부동산 공급을 지체시키거나 공급가격을 인상해 (미래에 시장에 나올) 부동산의 가격을 올릴 가능성이 크나, (인플레이션에 대응하기 위한 이자율 상승은) 부동산 수요를 즉각적으로 급감시키며 (현재) 부동산 가격 하방 압력으로 작용한다. 따라서 단순히 공급이 줄어들어 부동산을 매입해도 좋다는 메시지는 매우 위험하다.

반드시 주목해야 할 3종 세트_
기준금리, 국고채 10년물 금리, 부동산 담보대출 금리

2022년 현재 모든 이슈의 핵심은 글로벌 인플레이션, 특히 미국의 인플레이션이며 세계는 이에 대한 연준의 대응에 촉각을 세우고 있다. 그렇다면 과거 연준은 인플레이션에 어떻게 대응해왔는지 알아야 한다. 또한 인플레이션에 대응하기 위한 기준금리의 변화가 금융시장(국고채 10년물 이자)에 어떻게 영향을 미치는지, 금융시장 내부에서 부동산 대출 금리에 어떤 영향을 미치는지를 이해해야 한다.

우선 미국의 인플레이션 상황을 살펴보자. 우측 그래프의 파란색 선은 인플레이션을, 빨간색 선은 기준금리를 뜻한다. 2022년 6월의 9.1%, 7월의 8.5%는 1980년 이후 미국이 경험하고 있는 최고의 물가상승률이다. 이는 2000년 닷컴 버블과 2008년 금융위기 당시와 같은 국가적 위기상황을 훨씬 넘어서는 규모다. 1960년 이후 미국

미국 물가상승률과 연방준비은행 기준금리 추이(1960~2021년) 　　　　　　　자료출처_FRED

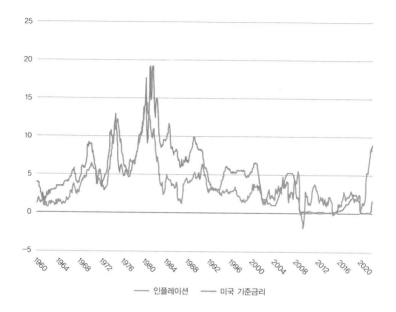

── 인플레이션　　── 미국 기준금리

이 8% 이상의 인플레이션을 경험한 시기는 1974년과 1980년 전후이다. 그리고 1990년 이후로는 파월 연준의장이 목표로 삼았던 수준인 2% 정도의 물가상승률을 경험하고 있었기에, 8%의 물가상승률은 서민들이 체감하기에 끔찍한 상황이다.

인플레이션에 대응하기 위한 미국의 기준금리 수준을 살펴보면, 1980년 최악의 상황일 때 기준금리는 20%에 가까웠다. 당시 폴 볼커Paul Volcker 연준의장이 기준금리를 대폭 인상함으로써 물가를 잠재운 경험이 있기에, 현재의 연준 역시 매우 강경한 자세를 취하고 있다. 물론 예전처럼 기준금리를 10% 이상으로 파격적으로 올릴 가능성은 없다. 그럼에도 2022년 초까지 언급조차 되지 않았던 자이 언트 스텝(0.75포인트 금리 인상)이 회자되고 실제로 자이언트 스텝을 세 번 연속 실행하는 연준의 의지는 반드시 고려돼야 한다. 2022년 7월 현재, 미국 연준이 밝힌 미래 이자 수준을 보면 2022년부터 2023년까지 지속적으로 이자율을 인상하고 2024년부터 일부 낮추는 의견이 대두되었다. 결과적으로 우리가 인식해야 할 상황은 미국 인플레이션이 매우 심각한 점 그리고 이에 대한 대응으로 미국 기준금리 인상이 최소한 2023년 말이나 2024년 초까지 이어질 거라는 점이다.

미국 기준금리, 국고채 10년물 금리, 30년 만기 고정 모기지 금리 추이(1960~2022년)
자료출처_FRED

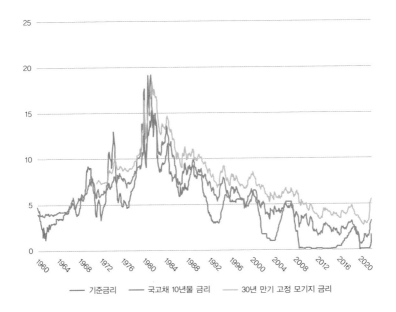

기준금리가 금융시장과 부동산 시장에 미치는 영향을 살펴보자. 우선 기준금리는 국고채 10년물 금리에 직접적인 영향을 준다. 그리고 국고채 10년물 금리는 (미국) 30년 만기 주택담보 이자율과 연동된다. 즉 기준금리는 매우 강하게 30년 만기 고정 모기지 금리(주택담보 이자율)에 영향을 준다. 앞의 그래프는 미국 기준금리와 국고채 10년물 금리, 30년 만기 고정 모기지 금리 추이를 보여준다. 1960년대 이후, 기준금리와 국고채 10년물 금리는 거의 같은 방향으로 움직인 것을 알 수 있다. 기준금리가 상승하면 국고채 10년물 금리도 상승하고 반대로 기준금리가 하락하면 국고채 10년물 금리도 하락한다. 1970년대 기준금리가 급격히 상승할 때, 국고채 10년물 금리의 상승이 이에 못 미친 점은 있으나, 1980년 이후 국고채 10년물 금리의 흐름은 기준금리와 일정한 간격(스프레드)을 두고 같은 방향으로 움직였다.

여기서 왜 '국고채 10년물 금리'가 부동산 시장에 중요한지를 이해해야 한다. 한 관점은 국고채 10년물 금리와 부동산 투자수익률과의 관계 때문이다. 이후 꼬마빌딩에 대한 설명에서 더 자세히 다루겠지만 부동산은 위험자산이기 때문에 무위험 투자수익률보다는 항상 수익률이 높아야 한다. 그리고 가장 대표적인 무위험 투자 상품으로 드는 것이 국고채 10년물이다. 미국이라는 국가, 대한민국이라는 국가가 파산하는 경우는 거의 일어나지 않기 때문에 채권에 대한 미지급 가능성을 무위험에 가까운 수준으로 보기 때문이다. 그래서 항상 부동산 투자의 준거가 되고 비교되는 무위험 투자 상품은 '국고채 10년물'이다.

다른 관점은 국고채 10년물 금리가 정확하게 30년 만기 고정 모기지 금리와 연동된다는 점에 주목한다. 이는 100쪽 그래프의 국고채 10년물 금리와 30년 만기 고정 모기지 금리의 흐름에서 직관적으로 알 수 있다. 대개 30년 만기 고정 모기지 금리는 국고채 10년물 금리보다 1.9포인트 높게 형성된다.

따라서 현재 미국에서 모기지 금리가 급등하고 있다는 소식은 기준금리 급등과 이로 인한 국고채 10년물 금리 급등으로 인한 너무나도 당연한 결과다. 2022년 6월 기준 모기지 금리는 5.5%로 이는 2010년대 이후 가장 높은 수치이다. 그리고 2024년 초까지 기준금리가 상승하는 경우, 30년 만기 고정 모기지 금리는 지속적으로 상승할 것이다.

한국 역시 기준금리와 국고채 10년물 금리, 주택담보대출 금리가 같은 방향으로 움직인다. 2000년대 중후반 한국은행 기준금리가 3%에서 5%대 수준으로 인상되었을 때, 국고채 10년물 금리 역시 상승 추세로 움직였다. 또한 2011년 기준금리를 3%대에서 2016년 1%대까지 지속적으로 인하한 기간, 국고채 10년물 금리 역시 하락 패턴을 보여줬다. 이에 더해 국고채 10년물 금리와 주택담보대출 금리도 미국처럼 일정한 스프레드(간격)를 두고 거의 동일한 방향으로 움직이고 있다.

한국 기준금리, 국고채 10년물 금리, 주택담보대출(신규) 금리 추이(2004~2022년)

── 기준금리　　── 국고채 10년물 금리　　── 주택담보대출(신규) 금리

　　다만 현재 한국은행과 미국 연준의 기준금리는 예외적인 상황에 처해 있다. 통상 한국은행의 기준금리는 미국 연준 기준금리와 같은 방향으로 갈 수밖에 없으며, 대개 미국 연준 기준금리보다 1.2포인트 높은 수준이었다. 하지만 2022년 10월 현재 기준금리는 한국 3.0% 미국 3.25%로 역전당한 상황인데 이는 매우 예외적이다. 만약 우리나라 기준금리가 미국보다 낮다면, 투자자 입장에서는 우리나라에 돈을 넣을 유인이 매우 낮아진다. 글로벌 차원에서 미국 시장이 우리나라보다 더 크고 안전한 시장으로 인식되기 때문이다. 따라서 투자자들은 국내 자금을 회수해 미국으로 돈을 넣을 가능성이 커지며, 이는 아무리 우리나라 경제가 미국보다 좋은 상황(2009년 상

황)이라 한들 외환 시장에서는 원화 약세, 달러 강세가 나타날 것이다. 또한 환율이 높아지면 이는 수입물가 상승으로 연결돼 우리가 체감하는 인플레이션은 미국보다 약간 늦게 나타나지만 상당한 규모가 될 수 있다.

우리나라는 물가지수에서 주거비용이 차지하는 비중이 대략 10%다. 미국은 대략 30%를 차지한다. 하지만 개인의 삶에서 주거비용이 차지하는 비중이 10%라 여기는 한국 사람은 많지 않을 것이다. 그렇다면 현실과 지표 사이 괴리가 있다는 뜻이고, 미국과 우리나라의 인플레이션 수치를 단순히 비교해서도 안 된다는 의미다. 우리나라의 현재 인플레이션 수준인 6%는 사실 미국의 8%대와 비슷한 정도일지도 모른다. 즉, 체감 물가 수준이 과연 적정하냐에 대한 질문으로 이어질 수 있다.

2022년 들어 우리나라는 주택담보대출 금리가 7%를 뚫었으나, 정부의 개입으로 다시 내려왔다. 그리고 9월 현재 다시 7%에 육박하고 있다. 이처럼 최소한 7% 수준의 주택담보대출 금리가 지속된다고 할 때, 얼마나 주택 수요가 붙어서 사람들이 시장에 참여할지는 미지수다. 주택담보대출 금리 인상은 주택 수요 자체를 줄일 것이기 때문에 시장에 부정적인 영향을 줄 것이며 주택 가격 역시 하락 패턴이 지속될 가능성이 크다고 봐야 한다.

결국 미국이 인플레이션에 대한 대응으로 기준금리를 2024년까지 지속적으로 인상한다면, 장기적으로 한국은행 역시 기준금리를 최소한 미국 기준금리 수준으로 인상할 가능성이 커진다. 그리고 기준금리 인상은 한국 국고채 10년물 금리와 그에 연동된 주택담보대출 금리 역시 지속적으로 높일 것이다. 다시 강조하자면 한국에서 부동산 시장을 바라볼 때는 연쇄적인 영향을 주는 3종 세트(미국 연준과 한국은행의 기준금리, 한국 국고채 10년물 금리, 주택담보대출 금리)를 반드시 유념해야 한다.

[김경민의 노트]미국 금리 파격 인상은 왜 일어날까?

[김경민의 노트]미국 기준금리와 부동산 시장 투자의 상관관계

[김경민의 노트]한국도 금리인상, 빅스텝에 대처하는 우리의 자세

월세 폭등
_임대차 3법이 만든
부동산 가격 변곡점

월세 폭등은 현재 전 세계 대부분의 도시에서 나타나는 글로벌 현상이다. 인플레이션의 여파가 즉각적으로 월세 시장에 영향을 준 것이다. 따라서 향후 월세 시장은 인플레이션 이 어떻게 진행되느냐와 긴밀하게 연동될 것이다.

40% 폭등한 월세 시장의 후폭풍

'월세의 도시'로 불리는 미국 뉴욕의 맨해튼은 지난 1년간 월세가 42% 폭등했다.[3] 그밖에도 전 세계 주요 도시들의 월세가 치솟는 중이다. 코로나가 엔데믹이 되면서 도시를 떠났던 사람들이 다시 들어오는 데다 인플레이션으로 건설비가 증가하며 적정 가격대 임대주택 공급이 지연된 탓에 월세 시장이 매우 불안정해졌다.[4]

그렇다면 서울의 월세 시장은 어떨까? 국토부의 전월세 빅데이터는 2011년 1월 자료부터 제공된다. 사실 이 데이터에서 진정한 월세

서울시 33평형 아파트 전월세 평균가격 추이(2011~2022년)　　　단위: 만 원

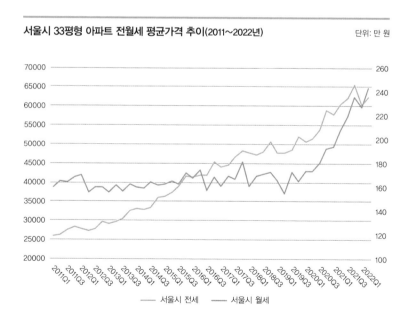

데이터(5억 원 전세 혹은 4억 원에 월세 10만 원과 같은 반전세 제외)를 뽑아내는 작업은 별도의 과정을 필요로 한다. 서울대 공유도시랩에서 개발한 방법론에 근거하면, 서울 전체의 월세 트렌드는 2010년대 전 기간을 걸쳐 큰 변화가 없었다. 중간 중간 약간의 변동이 있다 하더라도 33평형대 월세는 대략 160만 원 전후로 움직였다. 2010년대 초반(2012년)에는 평균 월세가 170만 원에 이르기도 했다. 자료상 월세는 대략 150~170만 원 사이에서 움직였다. 이는 전세가격이 상승한 것과는 전혀 다른 움직임이며, 2010년대 서울시 33평형대 아파트 매매가격이 지속적으로 오른 것과도 다른 양상이다.

가격 변동이 거의 없던 월세 시장에도 변곡점이 존재하는데, 바로 2020년 3분기이다. 정확하게 임대차 3법이 시행되기 시작한 시점(2020년 7월 30일)이다. 해당 시점부터 월세는 수직에 가까울 정도로 폭등하기 시작했다.

월세 급등을 이해하기 위해 임대차 3법을 잠시 살펴보겠다. '임대차 3법'은 계약갱신청구권, 전월세상한제, 전월세신고제를 묶어 통칭한다. '계약갱신청구권'은 임차인이 해당 권리를 활용하면 한 번 더 계약을 갱신할 수 있게 보장하는 법이다. 임대차 계약은 대개 2년 단위로 이뤄지는데 계약갱신청구권을 사용하면 같은 집에서 2년 더 임대차 계약을 할 수 있어 최소 4년간 살 수 있는 기회를 보장한다. 두 번째로 '전월세상한제'는 임대차 계약 갱신 시 임대가격 상승에 제한을 두는 법이다. 집주인이 임대료를 마음대로 올리는 것이 아니라 갱신을 청구한다고 했을 때 5% 상한선 안에서 올릴 수 있도록 제한한다. 마지막으로 '전월세신고제'는 주택 임대차 계약 후 30일 내로 지자체에 계약사항을 의무적으로 신고하는 제도다.

이 임대차 3법 시행 이후, 임대인들은 보다 높은 가격대의 전세와 월세를 받고자 했고 임대료가 폭등했다. '전월세상한제'로 인해 첫 계약 후 4년(2년+2년)간 임대료를 크게 상승시킬 수 없어 첫 계약 시점부터 임대료를 높게 받고자 하는 것이다.

다시 서울의 월세 시장을 보자. 과거 150~170만 원대의 월세 평균가격은 2020년 3분기 180만 원을 뚫은 후 지속적으로 상승해 2021년 4분기에는 236만 원에 올랐고, 2022년 2분기에는 240만 원을 넘었다. 2년이 안 되는 기간에 가격이 무려 40% 가까이 상승한 것이다. 2020년 3분기 이후 전세뿐 아니라 월세 시장에도 이전과 다른 변곡점이 생겼다. 그럼 지금부터 좀 더 구체적으로 강남구와 노도성 지역의 월세 트렌드를 살펴보겠다.

[김경민의 노트]아파트 계의 그랜저,
서울시 국민평수 33평형대 전월세 거래 데이터 분석

강남3구, 노도성 시장의 월세 트렌드

① 강남3구

강남3구 33평형대 아파트 월세 추이를 살펴보면 임대차 3법 이전에는 서울 전체와 마찬가지로 가격에 큰 변동이 없다. 2010년대를 통틀어 강남3구 33평형대 평균 월세가격은 대략 240만 원이었고, 225~250만 원 사이에서 움직였다. 하지만 서울의 월세는 전체적으로 2020년 3분기부터 급등하기 시작해 2022년 1분기에는 강남3구 월세 평균가격이 무려 362만 원에 이르렀다. 약 240만 원에서 360만 원대로 2년 만에 50% 가깝게 폭등한 것이다.

서울시, 강남3구, 노도성 33평형 아파트 월세 평균가격 추이(2011~2022년)　　단위: 만 원

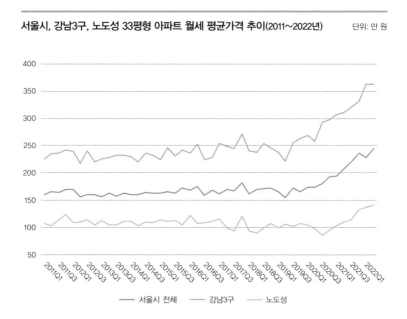

강남3구의 33평형대 월세 트렌드가 서울 전체와 앞으로 살펴볼 노도성 지역과 다른 점은 2022년 2분기 가격이 362만 원으로 '약간만' 상승한 점이다. 2분기에 거래된 자료가 전체를 대표하지 못하는 케이스였는지, 아니면 아무리 강남3구라도 지나치게 오른 월세가 부담돼 다른 지역으로 이주가 발생하며 월세 수요가 적어지고 가격 상승이 둔화되었는지는 명확하지 않다. 강남3구의 월세 패턴은 지속적으로 살펴봐야 할 것이다.

② 노도성

노도성 지역은 상대적으로 월세 거래가 활발히 이뤄지지 않는 지역이다. 2010년대 10년간의 평균 월세는 안정적이었으며 대략 110만 원을 중심으로 100~120만 원 사이를 오갔다. 이곳도 임대차 3법 이후 월세가격이 급등했는데, 2022년 2분기 현재 월세는 143만 원에 이르러 지난 2년간 46% 정도 상승한 것으로 나타났다. 노도성 지역 월세는 서울 전체와 마찬가지로 2022년 1분기와 2분기에 빠르게 상승했다. 이는 사실 2021년 3분기를 기점으로 하락 반전한 전세와는 다른 추세다.

즉, 같은 임차 시장이어도 전세와 월세의 움직임이 다른 것이다. 2010년대 월세는 고가 아파트부터 서민 아파트까지 모두 안정적인 가격대 안에서 움직였지만 같은 기간 전세는 2010년대 초중반 급등했었다. 또한 2021년 3분기 이후 전세가격이 하락 반전한 데 반해,

월세는 지속적으로 빠르게 상승하고 있다.

　월세 폭등은 현재 전 세계 대부분의 도시에서 나타나는 글로벌 현상이다. 인플레이션의 여파가 즉각적으로 월세 시장에 영향을 준 것이다. 따라서 향후 월세 시장은 인플레이션이 어떻게 진행되느냐와 긴밀하게 연동될 것이다. 다만 인플레이션으로 월세가 계속 상승하는 데는 한계가 있다. 개인의 소득에 비해 지불하기 힘든 수준으로 월세가 오르면 사람들은 보다 가격이 싼 주변 동네로 이주할 수 있기 때문이다. 부동산 시장은 폐쇄된 시장이 아니라 주변으로 이주가 가능한 다양한 옵션이 있는 시장이다.

　따라서 상대적으로 월세가 저렴한 노도성 지역의 빠른 월세 상승은 매우 우려되는 상황이며 현재로서는 서울 전체 트렌드가 우상향일 가능성이 크다. 그럼에도 강남3구 월세와 같은 수준의 가격이 지속가능한지는 의문이다. 월세 상승이 지속되도록 사람들이 부담할 수 있는 수준을 대폭 넘어선 상승은 나타나기 힘들다. 사람들은 항상 대체재를 찾아서 움직인다. 다른 지역, 전세 시장, 하위재인 다세대·연립으로의 이주는 그럴 때 대안이 될 것이다.

[김경민의 노트]월세가 전세를 추월했다, 전세가 사라진다는 신호?

눈 깜짝할 새 2배 폭등…최악의 '월세 지옥' 시작됐다

사진출처_다음 로드뷰

최근 전세값 상승세는 다소 주춤해진 모습을 보이는 가운데 월세가 하늘 높은 줄 모르게 치솟고 있다. (중략) 지난해 아파트 월세가격은 급등하고, 월세지수도 역대 최대치로 오른 것으로 나타났다. 16일 한국부동산원에 따르면, 서울 아파트 평균 월세가격은 지난 해 11월 124만 1,000원으로 2020년 말(112만 7,000원)보다 10.1% 상승했다. 수도권 아파트 평균 월세가격도 같은 기간 91만 3,000원에서 103만 7,000원으로 13.58% 올랐다. 서울 아파트 월세지수는 2020년 말부터 조금씩 오르기 시작하더니 2021년 한 해 동안 역대 최대인 5.47포인트 상승했다.

거래 절벽
_얼어붙은 부동산 시장

강남구와 노원구 모두 2021년 12월부터 3개월 동안 글로벌 위기 때보다 적은 수의 아파트가 거래되었다. 2022년 3월부터 소폭 상승했지만 과거 거래량에 비하면 턱없이 부족한 수준이다.

2008년 금융위기보다 낮은 최악의 거래량

Part2에서 살펴봤다시피, 아파트 가격 자체는 2021년 4분기를 정점으로 꺾이기 시작했다. 그리고 이 트렌드는 거래량에도 나타난다. 사실 거래량과 가격 간의 관계에 대한 연구는 상당히 많다. 대개의 결론은 가격이 떨어지는 경우 거래량 급감이 같이 나타나고 반대의 경우(가격 상승과 거래량 상승)도 존재한다는 것이다.

현재 특히 우려스러운 부분은 거래량 폭감이다. 2021년 4분기 이후, 거래량은 단순히 지난 분기 혹은 전년도 동일 분기 대비 일부 빠진 상황이 아니다. 2021년 4분기 이후 거래량은 2006년 국토교통부 아파트 데이터가 공개된 이래 가장 적다. 2022년 7월 현재는 글로벌 공급망 문제와 러시아-우크라이나 전쟁 등으로 야기된 심각한 인플레이션과 경제 침체 가능성을 느끼고 있으나, 2021년 4분기는 사실 현재와 같은 위기를 경험하고 있지는 않았다. 그럼에도 분기별 거래량 분석에 의하면 부동산 시장의 위기 정도가 상당히 심각하다.

2021년 이전, 서울 아파트 시장에서 분기 거래량이 가장 낮았던 시기는 글로벌 경제위기를 맞았던 2008년 4분기로 총 4,208건 수준이었다. 그런데 2021년 4분기 거래량은 4,875건, 2022년 1분기는 더욱 위축되어 3,402건에 불과하다. 대통령선거 전후로 정부의 규제 완화 메시지가 나오면서 2022년 2분기는 소폭 증가한 4,717건에 이

서울시와 경기도 아파트 매매 거래량 추이(2006~2022년)

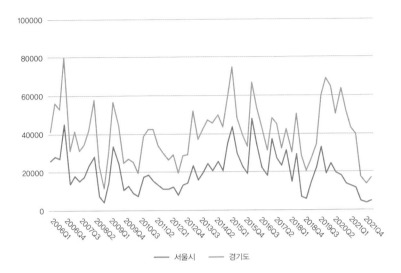

르렀다. 하지만 2022년 1분기의 3,402건은 글로벌 위기 당시(4,208건)보다도 낮은 수치로 현재의 부동산 시장 상황이 얼마나 심각한지를 알려준다.

서울 평균 아파트 매매 거래량과 비교하면 이 수치의 심각성을 더욱 체감할 수 있다. 2006년 이후, 평균 분기 거래량은 대략 1만 9,000건이다. 즉 2022년 1분기의 3,402건은 평균 대비 1/6 상황이 된 것이다. 수치가 증가해 4,700건이 되었다 한들 이는 평균의 1/4에 불과하다.

경기도 역시 상황은 비슷하다. 경기도의 평균 분기 거래량은 대략

4만 건인데, 2021년 4분기는 약 1만 7,000건 그리고 2022년 1분기는 약 1만 3,000건으로 평균의 1/3~1/2 수준에 머무르고 있다. 서울같이 거래량이 1/5~1/4 수준으로 급감한 것은 아니나, 거래량 상황이 심각한 것은 사실이다. 2006년 이후, 경기도의 분기별 거래량이 2만 건이 안 된 시기는 여섯 분기에 불과하다. 그런데 2021년 4분기부터 세 분기 연속 2만 건 이하 거래량이 나타나고 있는 현실은 낮은 거래량 수준이 지속될 가능성을 보여준다. 과거와 비교해보면 글로벌 위기 당시인 2008년 4분기 경기도 거래량은 11,459건이었으나, 2009년 1분기는 약 2만 9,000건으로 평균 이상 수준으로 회복했었다. 따라서 현재는 2008년 수준의 위기가 지속되고 있음을 뜻한다.

강남3구와 노도성_동시다발적 경고를 보내다

공간 단위를 좁혀 서울 내부의 하위 시장 상황을 살펴보자. 강남3구(강남구, 서초구, 송파구)와 노도성(노원구, 도봉구, 성북구)의 거래량 추이를 보면 매우 비슷하게 움직인다. 두 시장은 가격의 절대치가 다름에도 불구하고 거래 규모(거래량 자체)와 시계열 흐름은 매우 비슷하다. 즉, 고가 주택과 서민 주택이라는 서로 다른 시장의 참여자라는 특징 그리고 이들의 재산 규모에 차이가 있을 수 있으나, 수요자들이 시장에 참여하는 정도는 비슷하다는 것이다.

강남3구, 노도성 매매 거래량 추이(2006~2022년)

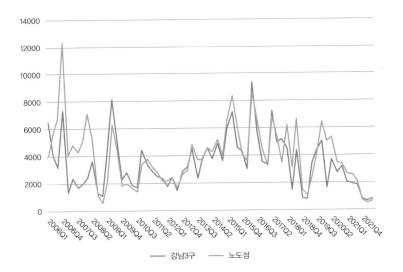

이는 시장의 정보가 매우 빠르게 확산되어 서로 다른 시장에 영향을 즉각 줄 수 있거나 아니면 시장에 영향을 주는 공통적인 요인(이자율 혹은 조세제도 등)이 거의 동시적으로 모든 하위 시장에 영향을 미친다는 것이다.

강남구와 노원구_역대 최저 거래량을 기록하다

더 구체적으로 서울 내부의 대표적 하위 시장인 강남구와 노원구 상황을 살펴보자. 두 시장은 가격과 거래량의 절대치가 모두 다르지

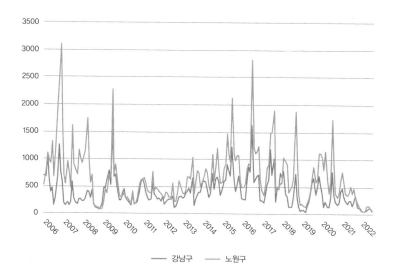

만 상승과 하락의 시계열 흐름이 매우 비슷하다. 주목할 점은 거래량의 급감이다.

글로벌 위기 당시에 강남구는 월별 매매 거래량이 85건(2008년 10월), 노원구는 79건(2008년 11월)이라는 역대 최저치를 기록했고, 이후에도 이보다 낮은 거래량을 보인 적은 없었다. 그러나 2021년 11월 이후 역대 최저 거래량이 경신되었다. 그리고 이는 각 시장의 가격 하락 시점과 동일했다.

강남구와 노원구 모두 2021년 12월부터 3개월 동안 글로벌 위기 때보다 적은 수의 아파트가 거래되었다. 2022년 3월부터 소폭 상승했지만 과거 거래량에 비하면 턱없이 부족한 수준이다.

2008년과 2021~2022년 월별 강남구, 노원구 아파트 매매 거래량

	강남구	노원구
2008년 10월	85	101
2008년 11월	111	79
2021년 11월	112	87
2021년 12월	70	59
2022년 01월	57	67
2022년 02월	64	56
2022년 03월	89	151
2022년 04월	112	149
2022년 05월	111	102
2022년 06월	60	72

매매수요지수로 읽는 시장의 경고

'매매수요지수'란 시장의 전반적인 거래 수준을 나타내는 지표로 2006
년 이후 전체 거래량과 해당 분기의 거래량을 비교해 계산한다. 절대적
인 거래량이 많고 적음의 문제가 아니라 전 시점 대비 해당 시점의 거
래량 수준을 알려줌으로써 매매에 대한 수요가 어느 정도인지를 짐작
케 한다. 매매수요지수가 0보다 큰 플러스(+)의 상태면 거래량이 장기

매매수요지수와 매매가격 상승률을 통해 본 시장 흐름

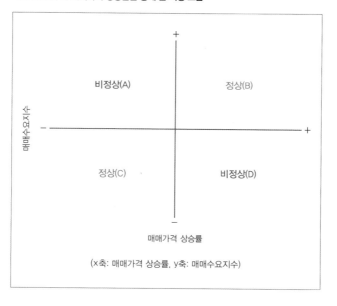

(x축: 매매가격 상승률, y축: 매매수요지수)

평균보다 많아 매매에 대한 수요가 있다는 뜻이니 가격이 오르는 것이 정상적일 것이다. 따라서 매매가격 상승률과 매매수요지수가 한 방향(모두 양수이거나 음수)을 가리킬 때 시장이 정상적이라 할 수 있다. 예를 들어 매매가격 상승률과 매매수요지수가 모두 플러스(+)인 B면과 모두 마이너스(−)인 C면은 정상적인 시장이고, 매매가격 상승률은 마이너스(−)지만 매매수요지수는 플러스(+)인 A면이나 매매가격 상승률은 플러스(+)지만 매매수요지수는 마이너스(−)인 D면처럼 두 지표의 부호가 다르다면 비정상적인 시장이다. 이 점에 유의해 서울 부동산 시장을 살펴보자.

그래프의 점들은 각각 서울 전체(주황색)와 구별(파란색) 데이터를 의미한다. 2021년 2분기와 3분기 서울과 서울 내 모든 구는 D면(비정상)에 위치하고 있다. 가격이 상승했으나 매매수요가 지속적으로 감소하는 비정상적인 패턴이 나타났고, 2021년 3분기에도 이어지고 있다.

2021년 2분기 매매수요지수와 매매가격 상승률

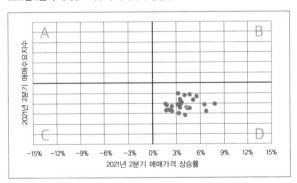

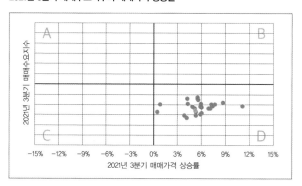

2021년 3분기 매매수요지수와 매매가격 상승률

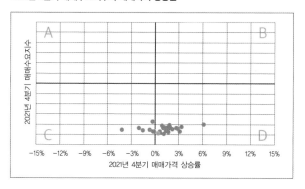

2021년 4분기 매매수요지수와 매매가격 상승률

2021년 4분기는 서울 자치구별 아파트 매매가격이 최고 수준을 달성한 뒤 하락이 시작된 시기다. 비정상적인 시장 흐름이 완화되어 6개 자치구가 D면(비정상)에서 C면(정상)으로 이동했다.

2022년 1분기 매매수요지수와 매매가격 상승률

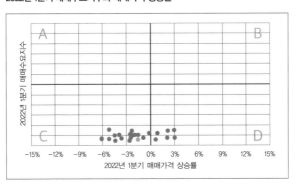

2022년 2분기 매매수요지수와 매매가격 상승률

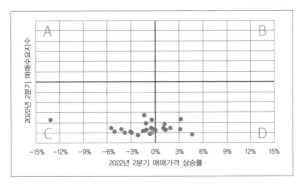

2022년 1분기에는 비정상적인 시장 흐름에서 정상적인 시장 흐름으로 많이 바뀌었고, 7개 구를 제외한 모든 곳이 C면(정상)에 놓이게 되었다. 18개 구에서 대세하락이 잡히기 시작한 것이다. 매수수요가 지속되지 않은 상황에서 한계점을 넘어서면서 전반적으로 매매가격 하락이 일어났다. 2022년 2분기에도 C면에 상당수 구가 포진하고 있다.

2021년 3분기부터 2022년 2분기까지의 흐름을 정리하자면 매매수요가 없는 가운데 가격이 상승하다가 수요가 지속적으로 줄어들자 가격 상승이 멈추고 급기야 하락으로 반전한 모양새다. 패턴만을 보면 수요가 없고 가격이 떨어지는 상황이 2023년에도 지속될 것으로 보인다.

4

영끌족
_금리 인상의 첫 번째 희생양

기준금리가 오르는 순간 이들은 전혀 다른 상황에 직면하게 된다. 신용대출 이자율뿐 아니라 변동금리 주택담보대출 이자율이 같이 인상하게 되며 모든 대출금액의 이자가 상승하는 악몽 같은 상황을 마주하기 때문이다.

공포에 휩싸인 영끌족

2020년 7월 시행된 임대차 3법은 법의 취지는 좋았음에도 매매가격과 전세가격 폭등의 한 원인이었음을 부정할 수 없다. 이는 전세가격 급등에 놀란 2030세대의 주택 매매 시장 진입을 촉진시켰으며, '영끌(영혼을 끌어 집을 산다)' 현상이 대대적으로 발생했다.

30대는 집을 매수하지 않는 세대가 아니다. 기존에 전체 아파트 매수의 30%를 차지했던 30대는 2020년 후반부터 그 비중이 점점 증가해 2021년 후반에는 전체 매수의 40%를 차지하기에 이르렀다. 부동산 가격이 상승하고 하락하는 사이클을 경험한 윗세대(40~50대 이상)의 비중이 줄고 30대의 비중이 증가한 것은 많은 위험요소를 내포하고 있다. 30대는 비록 미래 수입이 증가할 수는 있어도 부의 축적 단계에 있어 40대 혹은 50대만큼의 자산이 있는 계층이 아니다. 그렇기에 이들은 초기 자본이 필요한 부동산 투자를 할 때 자기자본을 최소화하면서 더 많은 대출(은행 주택담보대출과 신용대출)을 활용해 아파트를 매수할 수밖에 없었다.

'영끌'의 태생적 위험은 이렇게 자기자본의 비중이 낮은 투자와 상대적으로 낮은 소득에 기인한다. 만약 변동금리로 대출을 받았는데 금리가 급격히 오른다면, 이들의 소득 수준으로는 이자를 지불하기 버거워할 수 있다. 거기에 만약 주택 가격까지 하락하기 시작한다면 이들은 모았던 자기자본마저도 없어질 수 있다는 공포감에 휩싸일 것이다. 그리고 커지는 이자 부담과 자기자본이 없어질 가능성은 이제 현실로 다가오고 있다.

부동산 투자는 크게 두 가지 위험성을 반드시 확인해야 한다. 하나는 '주택 매수자의 신용도'와 관련한 위험성이며 다른 하나는 '매수한 주택'의 위험성이다. 주택의 위험 같은 경우 많은 사람이 좋아하거나 많은 사람이 시장에 참여하는 주택, 레버리지가 덜 낀 주택은 위험도가 낮다고 볼 수 있다. 예를 들어 아파트는 다세대·연립주택에 비해 더 많은 사람들이 좋아하는 주택 유형이기에 상대적으로 투자선호도가 높다(투자위험도가 낮다)고 할 수 있다. 그리고 고가 주택보다는 저가 주택에 더 많은 투자자들이 시장에 참여할 수 있기에, 주택의 위험도는 대개 고가 주택의 위험도가 저가 주택보다 더 크다. 앞서 Part2에서 설명했듯이 강남 고가 주택의 변동성이 더 큰 만큼(하락 폭이 저가 아파트에 비해 큰 만큼) 고가 주택은 보다 위험한 상품이다.

그런데 2020년 후반에는 주택의 위험도에 있어 매우 이상한 상황이 벌어졌다. 고가 주택보다 저가 주택에 더 많은 위험도가 끼기 시작한 것이다. 정부는 6억 원 이하, 6~15억 원 사이, 15억 원 초과로 구간을 나눠 주택담보대출에 차별적인 LTV(Loan to Value ratio, 주택의 담보가치 대비 최대 대출 가능 한도)를 적용하고 있다. 상대적으로 6억 원 이하 주택을 저가, 15억 초과 주택을 고가로 보고 있는 것이다. 다음은 가격대별로 매수한 주택에 있는 리스크를 정리한 것이다.

가격대별 주택의 리스크

6억 원 이하	주택금융공사의 보금자리론을 받을 수 있는 주택으로 상대적으로 높은 LTV를 적용받을 수 있으나, 고정금리 보금자리론 (주택금융공사가 무주택 서민들을 위해 운영 중인 주택담보대출 상품)을 받았다고 하면 상대적으로 위험도가 낮은 주택 유형으로 볼 수 있다.
6~15억 원	정부의 보금자리론 대상이 아니기에 시중은행에서 주택담보대출을 받는다. 그리고 이 때문에 해당 가격대 아파트에 가장 큰 리스크가 끼게 되었다.
15억 초과	현재 은행대출을 거의 받을 수 없는 가격대의 주택으로 현금으로 구입해야 한다고 볼 수 있다. 따라서 대출이 없는 주택이고 안정적인 주택 유형이 되었다. '고가 주택은 위험 주택'이라는 일반적인 특징이 대출 규제로 반대 상황이 된 것이다.

8억 원 아파트를 산 영끌족의 현실

아이를 둔 부부(3인가구)가 2020년 4분기 6억 원 아파트를 매입했다고 가정하자. 정부기관인 주택금융공사에서 LTV 50%를 적용받아 3억 원에 대해 30년 만기 고정금리(3%) 상품을 활용했다면, 기준금리가 오르든 내리든 매달 지불하는 원리금(원리금 균등상환 가정)은 약 126만 원에 불과하다. 그리고 부부가 각각 신용대출을 1억 원씩, 총 2억 원의 신용대출을 받은 상황이라고 치자.

· 매수한 아파트: 6억 원

· LTV 50%

· 보금자리대출(30년 만기, 고정금리, 3%): 3억 원 → 월 원리금 126만 원

· 원리금 균등상환(원금과 이자를 매월 같은 금액으로 나눠 상환) 방식

· 신용대출(3%): 2억 원 → 월 이자 50만 원

· 자기자본: 1억 원

위 부부의 경우, 월 주택 매수 지불금액은 176만 원(=126+50)이다. 그런데 여기서 기준금리가 오른다면 어떻게 될까? 보금자리대출은 고정금리 상품이므로 영향이 없을 것이고, 기준금리 상승은 신용대출 금리에 영향을 주게 된다. 신용대출 금리가 오르는 경우 이 부부의 부담금은 얼마나 늘어날까?

· 신용대출 금리 4%: 월 이자 66만 원 → 총 지불금액 192만 원 (=126+66)

· 신용대출 금리 5%: 월 이자 83만 원 → 총 지불금액 209만 원 (=126+83)

신용대출 금리가 4%로 상승할 경우 주택비용은 월 16만 원이 증가하고, 5%가 되는 경우 월 33만 원 증가하게 된다. 상황에 따라 매월 16만 원 혹은 33만 원의 증가가 크게 느껴질 수 있겠으나, 대개의 경우는 일부 지출을 줄이면 크게 문제 되지 않을 수도 있을 것이다. 따

라서 이 사례에서처럼 2020년 4분기에 6억 원 이하 주택을 고정금리 상품으로 구매한 경우의 '영끌'은 생각보다 큰 문제가 안 될 것이다.

그런데 6억 원에서 15억 원 사이의 주택을 무리해서 구매한 3인 가구는 도저히 상상조차 하기 싫은 미래와 직면할 것이다. 앞선 가정과 달리 '고정금리' 상품이 아닌 '변동금리' 상품을 선택하기 때문이다. 예를 들어 8억 원 주택을 LTV 50%를 적용받아 4억 원에 대해 30년 만기 3% 고정금리(원리금 균등상환) 상품으로 구매하는 경우 지불해야 하는 원리금은 월 168만 원이다. 그런데 4억 원에 대해 원금은 만기에 일시에 갚고 매달 이자만 상환하는 옵션을 선택한다면, 부담은 월 100만 원에 불과하다. 따라서 초기 부담을 줄이는 차원에서 사회 초년계층이 선택할 상품은 (고정금리) 원리금 균등상환이 아니라 (변동금리) 이자 상환 방식이다. 이번에는 8억 원 아파트를 산 3인가구의 경우를 가정해보겠다.

· 매수한 아파트: 8억 원

· LTV 50%

· 시중은행 주택담보대출(30년 만기, 변동금리, 3%): 4억 원 → 월 납입 이자 100만 원

· 이자 상환 방식

· 신용대출(3%): 2억 원 → 월 이자 50만 원

· 자기자본: 2억 원

이 경우, 2020년 4분기 월 납입 금액은 150만 원(=100+50)이다. 6억 원 아파트 고정금리 상품보다도 월 비용이 26만 원 낮다. 그러나 기준금리가 오르는 순간 이들은 전혀 다른 상황에 직면하게 된다. 신용대출 이자율뿐 아니라 변동금리 주택담보대출 이자율이 같이 인상하게 되며, 모든 대출금액의 이자가 상승하는 악몽 같은 상황을 마주하기 때문이다. 주택담보대출 이자와 신용대출 이자가 오르는 경우 이들의 부담금은 얼마나 늘어날까?

2022년 현재 보건복지부(중앙생활보장위원회)가 발표한 3인가구의 중위소득은 월 419만 원이다. 우리가 보통 도시처럼 주택비용이 비싼 곳은 가구소득의 40%까지 주택 구매 혹은 임차비용에 활용할 수 있다고 본다. 2020년 4분기 기준 월 주택비용 150만 원은 월 소득 419만 원의 36% 수준이기에 충분히 지불 가능한 정도다. 그러나 금리가 인상되어 월 납입 금액이 아래 표에서처럼 200만 원, 233만 원, 267만 원으로 증가하면 주택비용은 각각 가구소득의 47.7%, 55.6%,

금리 인상에 따른 월 주택비용 변화 예시

주택담보대출(4억 원) 이자율	납입 이자	신용대출(2억 원) 이자율	납입 이자	총 월 부담금
3.5%	117만 원	5%	83만 원	200만 원
4%	133만 원	6%	100만 원	233만 원
4.5%	150만 원	7%	117만 원	267만 원

63.4%를 차지하게 된다. 본인 월 소득에서 이 정도 수준을 주택비용에 지불하는 가구가 과연 저녁이 있는 삶을 영위할 수 있을까?

현재 신용대출 이자율은 이미 5%대에 돌입했으며, (신규가 아닌) 기존 주택담보대출 이자율은 3.1%(2022년 6월 말 기준)를 넘어 3%대 중반으로 2022년 말에 당도할 것이다. 그리고 기준금리 인상으로 신용대출 이자는 더욱 가파르게 증가할 수 있다. 만약 최악의 시나리오(주택담보대출 이자율 4.5%, 신용대출 이자율 7% 수준)가 현실이 된다면 월 소득 419만 원의 평균적인 가구는 어쩔 수 없는 상황에 돌입할 수밖에 없다.

여기에 더해 자기자본 잠식 역시 이들에게는 악몽과 같은 시나리오다. 앞선 예시처럼 8억 원 주택 구입에 자기자본을 2억 원 투자한 경우, 주택 가격이 10% 하락하면 8,000만 원이 줄어든 것이므로 자기자본은 1억 2,000만 원이 남는다. 주택 가격이 20% 하락하면 자기자본은 6,000만 원만 남는다.

주택 가격 하락에 따른 자기자본 변화 예시

주택 가격 하락율	주택 가격(8억 원)	잔여 자기자본
10%	7억 2,000만 원	1억 2,000만 원
20%	6억 6,000만 원	6,000만 원

만약 본인 월 소득에 도저히 감당하기 힘든 주택비용이 들어가는데 자기자본마저 지속적으로 감소하는 상황이 온다면 영끌족은 주택을 '던지는' 사태가 발생할 수 있다. 이 경우 이들이 그동안 축적했던 자산의 상당 부분이 날아가게 되며 이는 또 다른 사회적 비용을 야기할 수 있다.

영끌에 대한 책임은 전적으로 투자자에게 있다. 그러나 정부의 잘못된 정책으로 인해 '앞으로 나와 내 가족은 집을 구매할 수 없는 것 아닌가?'라는 생각에, 몰리고 몰린 상황에 의해 집을 구매한 경우 이를 전부 그들만의 책임으로 돌리는 것은 가혹하다.

따라서 필자가 생각하기에 앞서 밝힌 리스크의 입장에서 정부는 대책 수립에 나서야 한다. 주택 자체에 위험성이 없는 경우(서울은 10억 원 이하 주택♥)에 한해, 총 대출액의 일정 부분(예를 들어 LTV 60%까지)을 고정금리 상품으로 전환시키는 정책을 실시해야 한다. 다만 영끌에 참여하지 않은 진정한 승자들의 돈으로 영끌족을 구제해서도 안 된다. 영끌족과 책임을 함께 지는 방향으로 정책이 설계되어야 한다.

♥ 2021년 서울 아파트 매매가격 중위값은 10억 원대다. 중위가격보다 가격이 낮아 고가 주택과 비교해 상대적으로 안전하면서도 보금자리대출을 받지 못해 금리 인상으로 인한 타격이 예상되는 층이 정부 대책의 대상으로 적절하다고 보았다.

영끌족을 위한 정책 제언

2021년 하반기 집값 최고가에 물린 많은 영끌족에게 도움이 되는 정책이 마련되려면 다양한 가정 아래 시나리오가 설계돼야 한다. Part 2에서 강남의 고가 아파트는 최악의 경우 최고가를 회복하는 데 10년 정도, 강북 아파트는 7년 정도 걸렸다고 설명했다. 영끌 대책의 대상이 되는 주택은 적정 가격대이기에, 강남권 아파트가 아닌 강북권 서민 아파트에 대해 정책이 시행되어야 한다. 따라서 2021년 하반기 최고가에 거래된 아파트가 해당 가격을 회복하는 데 7년 정도가 소요된다고 가정하겠다. 또 앞선 사례처럼 2021년 하반기, 아파트를 8억 원에 매입하고 힘들어하는 영끌족을 예시로 살펴볼 것이다.

필자는 이들을 위한 대책으로 리파이낸스refinance(대출 갈아타기)가 필요하다고 생각한다. 예를 들어 이 가구에게 40년 만기 3% 고정금리,

· 아파트 가격 8억 원
· 대출액: 6억 원(LTV 80% 이내)
· 월 납입 원리금(원리금 균등상환): 215만 원
· 원리금 215만 원 중 이자: 월 150만 원(=6억 원×3%/12개월)
· 원리금 215만 원 중 원금: 월 65만 원(=원리금 215만 원-이자 150만 원)

LTV 80% 상품으로의 전환을 허용한다고 가정하겠다. 대신 최소 7년 간 아파트를 매도해서는 안 되며, 정부와 개인이 지분을 공동으로 소유해 7년 후 매도 시 매각 차익을 공유하는 조건이다. 이들이 매수한 아파트 8억 원 중 자기자본은 2억 원이고 6억 원을 주택담보대출과 신용대출을 통해 융통했었다. 따라서 대출금인 6억 원은 LTV 80% 이하이기에(8억 원×80%=6억 4,000만 원) 전액 리파이낸스가 가능하다.

이런 경우 해당 가구에게는 월 이자 150만 원을 납입하게 하고, 정부가 원금을 지불하면서 자기자본 투자를 감행할 수 있다. 즉, 정부가 월 65만 원(원금)씩 7년 치(65만 원×7년×12개월=5,460만 원)를 자기자본으로 투자하는 형태다. 그렇다면 영끌족이 지급한 초기자본 투자금 2억 원에 더해 정부가 5,000만 원 상당을 투자하는, 일종의 공동투자 형태로 전환되는 것이다. 따라서 대략 영끌족이 80% 그리고 정부가 20% 지분을 소유하는 형태로 바뀔 수 있다. 만약 7년 후, 가격이 8억 원 이상이 되는 경우 영끌족과 정부가 지분만큼 수익을 나누는 것이다.

영끌족은 이자가 급격히 상승하는 환경에서도 향후 7년간 고정적으로 월 150만 원을 지불하면되므로 이자율 급등에 대한 염려와 아파트를 저가에 매도해 모아온 종잣돈을 잃을지 모른다는 염려를 많이 덜 수 있다. 정부의 입장에서도 이는 단순한 지원이 아니라, 지원금을 자기자본화하며 아파트에 대한 소유권을 일부 확보할 수 있다. 이는 아파트 가격 급락 시 주택이 경매에 들어가고 은행권이 부실화되는 연쇄작용을 막는 장치가 될 수 있다. 따라서 이런 형태의 리파이낸스는 영끌족과 정부 서로가 리스크를 헷지하는 형태인 것이다.

여기에 더해 정부가 향후 거대한 리츠REITs(투자자들로부터 자금을 모아 부동산이나 관련 자본 및 지분에 투자해 발생한 수익을 배당하는 회사나 투자신탁, 부동산 간접 투자 상품) 상품을 만들고, 해당 리츠에 공동지분 아파트들을 담는 방향도 구상할 수 있다. 우리나라는 공공임대아파트 물량(특히 서울 소재)이 향후 증가할 가능성이 매우 희박하다. 개발이 포화 상태라 가용 토지가 희소하고 지역 주민의 반대가 심해 토지 확보에 난항을 겪기 때문이다. 따라서 정부가 직접 공공임대아파트를 개발, 보유하지 못하는 경우를 상정해 민간 브랜드 아파트를 정부가 직간접적으로 관리하는 정책을 마련해야 한다. 공공기관이 소유한 민간 브랜드 아파트들이 담긴 거대한 리츠를 만드는 것이다.

꼬마빌딩
_버블 붕괴 위기에 처하다

꼬마빌딩 투자는 일반인들이 새로운 매수자로 참여하면서 매수호가가 상승했고 급기야 일부 건물들은 이자율보다 임대 수입이 낮아 역마진이 나는 상황도 발생했다. 이미 서울 꼬마빌딩 시장의 거래량은 빠르게 줄고 있다.

위험천만 高레버리지 투자, 화살로 돌아오다

부동산 유형은 크게 주택(아파트), 오피스, 리테일 상업시설, 물류 창고 4가지로 분류된다. 이 중 리테일 상업시설은 거대한 쇼핑몰이며 물류창고 역시 사이즈가 상당하다. 이들에 특화된 리츠 상품이 없는 경우, 개인 차원에서 쇼핑몰이나 물류창고를 개발해 운영하는 것은 쉬운 일이 아니다. 오피스 건물 역시 마찬가지인데, 실제로 종로에 있는 거대한 오피스 건물들은 대기업 본사이거나 금융회사가 소유한 것들이 많다.

하지만 동네에 있는 3~4층 정도의 작은 건물들, 즉 '꼬마빌딩'은 일반인들에게도 간혹 투자 대상이 될 수 있다. 결국 개인들이 투자할 수 있는 대상은 주택(아파트)과 꼬마빌딩인 것이다. 분양형 상가는 《부동산 트렌드 2022》에서 언급했듯 매우 위험성이 높기에 여기서는 논외로 하겠다. 그렇다면 2020년 이후부터 2021년 연말까지 봤을 때 아파트와 꼬마빌딩 중 가장 수익률이 좋았던 상품은 무엇일까?

답은 '강남권 꼬마빌딩'이다. 예를 들어보자. 어떤 사람이 50억 원 상당의 아파트를 매입하려 한다면 거의 자기 현금을 들고 사야 한다. 제도적으로 15억 원 이상의 주택은 은행 대출이 매우 제한적이기 때문이다. 그런데 꼬마빌딩의 경우, 감정가격의 70~80%까지 대출이 나오곤 했다. 50억 원 꼬마빌딩이 40억 원 감정가를 받았다면 28~32억 원 사이의 은행 대출이 나온 것이다. 따라서 같은 50억 원 물건이어도 아파트는 대부분 자기자본이 필요한 데 반해, 꼬마빌딩은 반 정도의 자기자본과 반 정도의 은행대출로 조달 가능한 구조인 것이다. 현금 50억 원이 있으면 50억 원 꼬마빌딩 두 채를 구매하는 것도 가능했다.

즉, 레버리지를 일으킬 수 있는 여지가 꼬마빌딩에 더 많았다. 2020년 이후, 이런 꼬마빌딩 투자의 매력에 예전과 다른 수요자들이 몰려들면서 가격이 폭등했었다. 특히 꼬마빌딩 투자에 있어 강력한 준거 역할을 하는 강남은 많은 임차수요가 존재한다는 장점까지 있어 가격이 치솟았다.

다음은 실제 꼬마빌딩 투자자 최○○ 대표를 인터뷰한 내용이다.

"2020년 꼬마빌딩 시장은 이전과는 매우 다른 양상을 보입니다. 크게 두 가지인데요. 첫째는 '매수자'들입니다. 사실 꼬마빌딩 투자는 생각할 부분들이 많습니다. 매입 후 리모델링을 어떻게 할지, 테넌트(임차인)를 어떻게 구할지, 변동금리에 따른 위험 대처 전략이 있는지 등이요. 그래서 2020년 이전에 꼬마빌딩에 투자하는 사람들은 어떻게 보면 부동산 전문가들이었습니다. 그런데 저금리 기조로 유동성이 늘어나자 부동산 시장에 전문성이 약한 일반인들이 많이 들어왔어요.

그래서 두 번째 문제가 생겼습니다. '수익률'이 턱없이 낮아진 겁니다. 꼬마빌딩은 비주거용 상업용 건물이기 때문에 최소한 은행 금리(기준금리) 혹은 국고채 10년물 금리보다는 명확히 수익률이 높아야 합니다. 예전에는 최소치를 대략 3%대로 봤어요. 예를 들어 건물이 50억 원이면 연간 임대 수익이 최소 1억 5,000만 원은 나와야 하는 거죠. 그런데 2021년 초에는 1%대 수익률로 거래된 경우가 꽤 있었습니다. 50억 원 건물인데 1년에 걷히는 임대료가 5,000만 원 안팎인 겁니다. 만약 꼬마빌딩 매입을 위해 절반인 25억 원을 2.5% 이자율로 대출 받았다면 대략 1년에 6,250만 원을 이자로 내는 건데, 당장은 손해를 보더라도 앞으로 꼬마빌딩 가격이 더 오른다고 생각하는 사람들은 1년에 1,250만 원 정도는 지불해도 좋다고 보고 산 겁니다."

(꼬마빌딩 투자자 최OO 대표 인터뷰, 2022.08.01.)

인터뷰에서 보듯이 꼬마빌딩 투자는 일반인들이 새로운 매수자로 참여하면서 매수 호가가 상승했고 급기야 일부 건물들은 이자보다 임대 수입이 낮아 역마진이 나는 상황도 발생했다. 그렇다면 여기서 문제가 생기는 지점은 '임대료는 현재와 비슷한데 이자가 지속적으로 오르는 경우'다. 대개 꼬마빌딩과 같은 상업용 건물은 고정금리 상품이 거의 없고, 매년 금리를 다시 계산한다. 따라서 이자율이 지속적으로 오르는 순간 상황은 급박하게 역전된다.

2021년은 저금리 기조로 많은 사람이 이자율 2.5%에 대출이 가

금리별 연 대출 이자와 역마진 금액 예시(건물 50억 원, 대출 25억 원, 투자수익률 1% 가정)

이자율	2.5%(현재)	3.5%	4.5%	5.5%
1년 이자	6,250만 원	8,750만 원	1억 1,250만 원	1억 3,750만 원
역마진 금액	−1,250만 원	−3,750만 원	−7,250만 원	−8,750만 원

능했다. 표에는 여기서 이자율이 올라 각각 3.5%, 4.5%, 5.5%가 되는 경우의 부담이 나와 있다. 건물 가격은 50억 원, 대출금은 절반인 25억 원, 임대료 수입은 연 1%인 5,000만 원을 가정했다. 이자가 상승할수록 본인이 지불해야 하는 금액은 빠르게 상승한다. 약간의 금리 인상으로도 수천만 원의 역마진을 감수해야 할 수 있는 것이다. 이는 꼬마빌딩 투자에 레버리지를 많이 쓴 데서 기인한 결과다.

투자수익률이 상승하는데 꼬마빌딩을 손절하는 이유

꼬마빌딩 투자의 또 다른 큰 문제는 건물 가격이 상승하지 않고 하락하는 경우다. 건물 가격을 추정하는 다양한 기법들이 있다. 필자의 의견으로는 시장 전체 수익률을 바탕으로 가격 상승·하락 정도를 따지는 것이 옳다고 본다. 예를 들어 2020년과 2021년 꼬마빌딩 가격은 거의 100% 상승했다. 이는 투자수익률 계산으로도 알 수 있다. 2020년 초 시장 투자수익률(건물 개별이 아니라 꼬마빌딩 전체의 투자수익률)이 3%였는데, 2021년 중순 1.5%까지 하락했다고 치자.

투자수익률은 '1년 치 순임대수입(분자)'을 '건물 가격(분모)'으로 나눠 계산한다. 그런데 분자인 임대료는 계약으로 묶여 있기 때문에(꼬마빌딩도 대개 2~4년 단위로 계약이 이루어진다) 빠르게 오르내리지 않는다. 대신 분모인 건물 가격이 움직인다.

시장 투자수익률이 3%인 경우, 꼬마빌딩의 연 임대료가 1억 5,000만 원이면 건물 가격은 대략 50억 원(=1.5억 원/3%) 정도가 적정하다. 그런데 시장 투자수익률이 1.5로 내려가는 경우 같은 임대료(1억 5,000만 원)라 할 때, 적정 건물 가격은 100% 폭등해 100억 원(=1.5억 원/1.5%)이 된다. 그렇다면 25억 원에 건물을 매입한 사람의 '자기자본 투자수익률'은 무려 300%가 된다. 이는 아파트 시장에서는 도저히 따라가지 못하는 수익률이다. 따라서 2020년과 2021년 진정한 부동산 수익률의 왕은 꼬마빌딩이었다.

하지만 이제는 상황이 다르다. 투자수익률은 무위험 수익률(국고채 10년물 금리)과 연동된다. 즉 기준금리 인하로 국고채 10년물 금리가 떨어지면 시장 투자수익률도 떨어진다. 2021~2022년의 상황이다. 반대로 기준금리가 상승하면 국고채 10년물 금리도 상승한다. 그렇다면 시장 투자수익률 역시 상승하게 된다. 만약 2021년 중순 시장 투자수익률이 1.5%인데 기준금리 상승(국고채 10년물 금리 상승)으로 시장 투자수익률이 2%, 2.5%, 3%에 도달하는 경우, 꼬마빌딩 가격은 급격히 식어버릴 수 있다.

꼬마빌딩 시장 투자수익률별 건물 가격 하락 폭 예시
(50억 원 자기자본, 50억 원 은행대출로 100억 원에 매입, 임대료 연 1억 5,000만 원 가정)

시장 투자수익률	1.5% (현재)	2%	2.5%	3%
예상 건물 가격	100억 원	75억 원	60억 원	50억 원
건물 가격 하락 폭	0원	−25억 원	−40억 원	−50억 원

실제로 투자수익률이 1.5%에서 3%로 급격하게 오르지는 않을 수 있지만 임대료(분자)가 같을 때 약간의 시장 투자 수익률 상승으로도 건물 가격(분모) 하락 폭은 상당하다. 만약 건물 가격 하락 폭이 꽤 크다고 은행에서 인지하는 경우, 은행은 대출을 유지하고자 하는 사람에게 추가로 자기자본을 요구한다. 100억 원 건물을 자기자본 50억 원, 은행대출 50억 원으로 매입했는데 시장 전반의 건물 가격이 하락하며 해당 건물도 20~30%의 하락이 예상된다고 하면 더 많은 자기자본을 요구하는 것이다. 이렇게 되면 매월 들어오는 월세보다 은행 이자가 더 많아지는 형편에 1~2년 후 수억 원의 자기자본을 은행에 내야 하는 것이다.

만약 상황이 여기까지 몰린다면 해당 건물주는 매도를 심각하게 고민할 수밖에 없다. 이미 서울 꼬마빌딩 시장의 거래량은 빠르게 줄고 있다. 이는 매수세가 없어지고 있음을 뜻하고 거래가격에도 서서히 영향이 드러나고 있다. 꼬마빌딩 거래가격 하락이 본격화될 조짐이 보이고 있는 것이다.[5] 꼬마빌딩발 위기가 부동산 시장에 어떤 바람을 불러올지 유심히 지켜봐야 할 것이다.

- 투자수익률 = $\dfrac{\text{순임대수입}}{\text{건물가격}}$

- 시장 투자수익률은 무위험 투자수익률인 기준금리와 연동된다. 따라서 기준금리가 상승하면 시장 투자수익률도 상승한다.

- 임대료에 변화가 없을 때, 시장 투자수익률이 올라가면 건물 가격은 내려간다. 따라서 기준금리 인상으로 시장 투자수익률이 올라가면 꼬마빌딩 가격이 하락할 가능성이 농후하다.

- 서울 꼬마빌딩 시장의 거래량은 급감해 매수세가 사라지고 있으며, 이는 거래가격 하락으로도 드러나고 있다.

- 부동산 투자수익률은 높다고 무조건 좋은 것이 아니다. 건물 가격의 하락으로 투자수익률이 높아진 것일 수 있기 때문이다. 따라서 투자수익률에 변화가 있을 때는 어떤 요인에 의한 변화인지 유의해서 살펴봐야 한다.

초고가&초대형 아파트
_과연 똑똑한 한 채인가?

우리나라의 트로피 아파트(최고급 주택)는 투자수익률 측면에서는 강북 아파트의 서민 평형대 수준에도 못 미친다. '과연 대형 럭셔리 아파트가 똑똑한 한 채인가'에 대한 필자의 답은 '아니다'이다.

역시 한남더힐? 럭셔리 아파트 투자수익률의 실상

일반적으로 럭셔리 주택은 '높은 변동성'을 특징으로 한다. 부동산 상승기에는 어느 유형보다 빠르게 가격이 오르는 데 반해, 부동산 시장이 위험에 처하면 가격 하락 폭이 다른 유형보다 더 크다. 우리나라의 경우 고가 주택이 많은 강남 아파트 가격이 서울 평균에 비해 더 많이 오른 것이 사실이다. 그런데 과연 대형 럭셔리 아파트, 상위 1%에 드는 초고가 아파트들은 정말로 크게 상승했을까?

'대형'과 '럭셔리'라는 두 키워드에 유념해 계약면적 50평형 이상, 가격 상위 1% 이내 그리고 2000년 이후 지어진 럭셔리 아파트를 살펴보겠다. 재건축 예상 아파트는 제외했다. 참고로 해외에서 럭셔리

럭셔리 아파트의 대명사 한남더힐　　　　　　　　출처_네이버 거리뷰

주택을 이야기할 때는 가격과 크기, 품질(상대적으로 좋은 품질로서 재건축이 필요하지 않은)을 기준으로 구분한다.

2021년 2월 15일자 〈한국경제〉에 실린 "역시 한남더힐… 7년째 아파트 최고가 기록"[6]이라는 헤드라인의 기사는 럭셔리 아파트로서 한남더힐의 위상을 알려준다. 2022년에도 한남더힐은 최고가 아파트 사이에서 순위를 다투고 있다. 가장 높은 가격에 거래된 아파트는 청담동 PH129로 145억 원에 거래되었으며, 한남더힐(전용면적 73평형)은 110억 원에 거래돼 3위를 기록했다. 그런데 럭셔리 아파트의 대명사 한남더힐은 과연 투자수익률도 좋을까? 기사에서 '역시 한남더힐'이라며 은연중에 풍기는 메시지는 이 아파트가 최고가 아파트의 대표주자임과 동시에 괜찮은 투자처처럼 느끼게 한다. 정말 과연 그럴까? 전용면적 73평형대의 한남더힐은 입주 완료 시점인 2011년 이후 엄청난 수익률을 담보한 상품이었을까?

우리나라의 트로피 아파트(최고급 주택)는 투자수익률 측면에서는 강북 아파트의 서민 평형대 수준에도 못 미친다. 100억 원이라는 엄청난 액수의 아파트가 거래된 것은 사실이나, 이들 아파트가 엄청나게 상승한 아파트는 아니라는 것이다. 이러한 아파트들은 표면의 거래액만 보면 자칫 시장 전체에 잘못된 신호로 오해를 줄 수 있다. 따라서 우리나라 초고가 아파트는 '수익률'을 제대로 따져볼 필요가 있다. 실제로 2013년 1월부터 2021년 12월까지 아파트 매매가격 누적 상승률은 서울이 180.5%였는데 서민 아파트 밀집 지역인 노원구는 이를 뛰어넘어 203.8% 상승했다.

초고가 대형 아파트의 밋밋한 상승세

트로피 아파트는 해당 부동산 시장에서 압도적인 위상을 보여주는 곳이다. 예를 들어 한남더힐이나 나인원한남 혹은 2000년대 타워팰리스같은 아파트를 대표적인 트로피 아파트로 볼 수 있다. 2022년 상반기 최고가 아파트 100채 중에서 거래가격 상위 10위 아파트를 보면 PH129(1채), 파르크한남(1채), 한남더힐(3채), 르가든더메인한남(2채), 갤러리아포레(1채), 타워팰리스1차(1채), 나인원한남(1채)이 순위를 차지했다.

2022년 상반기 최고가 거래 상위 10채

	아파트 단지명	지역	거래가	전용면적 (㎡, 평)
1	PH129	서울특별시 강남구 청담동	145억 8,000만 원	273.96, 83평
2	파르크한남	서울특별시 용산구 한남동	135억 원	268.67, 81평
3	한남더힐	서울특별시 용산구 한남동	110억 원	240.31, 73평
4	르가든더메인한남	서울특별시 용산구 한남동	90억 원	225.41, 68평
5	르가든더메인한남	서울특별시 용산구 한남동	90억 원	269.12, 81평
6	갤러리아포레	서울특별시 성동구 성수동1가	88억 원	217.86, 66평
7	타워팰리스1차	서울특별시 강남구 도곡동	87억 원	301.47, 91평
8	나인원한남	서울특별시 용산구 한남동	85억 원	206.9, 63평
9	한남더힐	서울특별시 용산구 한남동	85억 원	235.31, 71평
10	한남더힐	서울특별시 용산구 한남동	85억 원	235.31, 71평

2016년 최고가 거래 상위 10채

	아파트 단지명	지역	거래가	전용면적 (㎡, 평)
1	한남더힐	서울특별시 용산구 한남동	82억 원	244.75, 74평
2	한남더힐	서울특별시 용산구 한남동	79억 원	244.78, 74평
3	한남더힐	서울특별시 용산구 한남동	76억 원	244.75, 74평
4	한남더힐	서울특별시 용산구 한남동	76억 원	244.75, 74평
5	갤러리아포레	서울특별시 성동구 성수동1가	66억 원	271.83, 82평
6	갤러리아포레	서울특별시 성동구 성수동1가	66억 원	271.83, 82평
7	한남더힐	서울특별시 용산구 한남동	65억 원	243.2, 74평
8	한남더힐	서울특별시 용산구 한남동	65억 원	243.2, 74평
9	한남더힐	서울특별시 용산구 한남동	63억 원	240.31, 73평
10	한남더힐	서울특별시 용산구 한남동	62억 8,000만 원	241.05, 73평

시간을 6년 전으로 돌려서 2016년 거래가격 상위 10채 분포를 보면 한남더힐(8채), 갤러리아포레(2채)뿐으로 한남더힐이 압도적이었다.

2016년과 2022년 한남더힐 케이스를 분석하면 재미있는 지점이 있다. 2016년 한남더힐 전용면적 240㎡대(계약면적은 330㎡, 약 100평형)의 가격 분포는 대략 62억 8,000만 원에서 82억 원 사이인데, 이를 2022년 한남더힐 최고가인 110억 원과 비교하면 과연 상승률이 다른 아파트에 비해 높은 것인가 의문이 든다. 2016년부터 강북권 서민 아파트 역시 1.5배 이상 폭등한 아파트가 매우 많았으며 강남

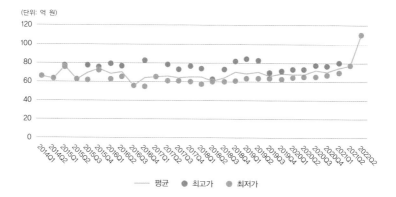

한남더힐(100평형) 거래가격 추이(2014~2022년)

(단위: 억 원)

— 평균 ● 최고가 ● 최저가

권 재건축은 2배 이상 폭등한 경우도 많았다. 그런데 한남더힐은 거래액 자체는 엄청난 금액이나 상승률은 매우 미진하다.

　2014년 이후 한남더힐 100평형의 거래 케이스를 그래프로 그리면 2015~2021년 2분기까지 평균가격이 70억 원 안팎에서 움직였던 것을 볼 수 있다. 2015년에도 75억 원에 거래되었던 케이스가 있다. 즉, 2016년 이후 서울 아파트들이 폭등할 때 한남더힐의 가격은 거의 움직이지 않은 것이다. 2022년 2분기 110억 원 거래가 발생하면서 70억 원대에서 110억 원대로 단번에 가격이 뛰어오른 것에 불과하다. 총 600세대 한남더힐에서 가장 많은 세대수인 전용면적 233m^2(계약면적 284m^2, 약 86평형)의 거래 케이스 역시 100평형과 상황이 비슷하다.

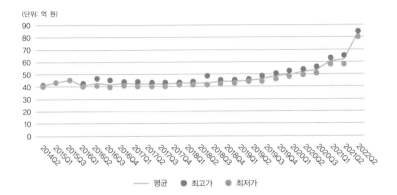

(단위: 억 원)

— 평균　● 최고가　● 최저가

　　2014년부터 2019년까지 한남더힐 86평형은 40~50억 원 사이에서 움직였다. 2015년에도 45억 원에 거래됐고, 2019년 최저가는 44억 원이었다. 가격이 매우 평평한 경우였다. 그러나 2020년에 들어서며 50억 원을 돌파했고, 2021년에 60억 원을, 2022년에는 80억 원대를 찍기도 했다. 2010년대 매우 평평한 움직임을 보여주다 2020년 이후 유동성이 많아지면서 가격이 오른 경우다.

　　대형 초고가 아파트의 밋밋한 상승세는 성수동 소재의 갤러리아포레 등에서도 동일하게 나타난다. 230세대인 갤러리아포레에서 가장 많은 평형대는 76세대 정도를 차지하는 전용면적 $167m^2$(계약면적 $232m^2$, 약 70평형)다. 갤러리아포레 70평형 역시 2012년부터 2020년까지 30억 원에서 30억 원 중반대 사이에서 움직였다. 2020년과

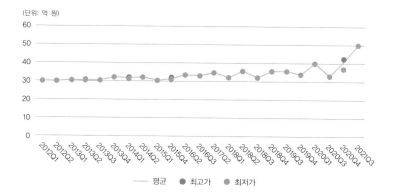

갤러리아포레(70평형) 거래가격 추이(2012~2021년)

(단위: 억 원)

| 평균 | 최고가 | 최저가 |

2021년에 각각 40억 원과 50억 원에 도달한 측면이 한남더힐 가격 흐름과 비슷하다.

강남은 좀 다를 거라는 착각

지금까지 살펴본 한남더힐과 갤러리아포레는 각각 한남동, 성수동 소재의 아파트였다. 그렇다면 강남권 럭셔리 아파트는 다른 패턴이 나오지는 않는지 궁금할 수 있다. 2022년 거래가격 상위 100개 아파트 중 강남권에 가장 많은 물량이 있는 단지는 반포동의 래미안퍼스티지다. 2,400세대의 대형 단지인 래미안퍼스티지는 25평형부터 81평형까지 다양한 세대가 존재한다. 2022년 전용면적 222m²(계

래미안퍼스티지(81평형) 거래가격 추이(2009~2022년)

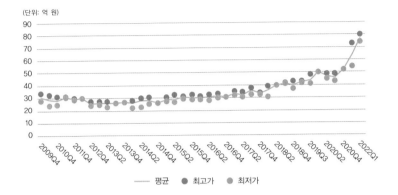

(단위: 억 원)

범례: ── 평균 ● 최고가 ● 최저가

약면적 268m², 81평형)는 80억 원에 거래되기도 했다. 래미안퍼스티지 역시 큰 틀에서는 한남더힐과 갤러리아포레 대형 평수의 흐름을 따라간다.

래미안퍼스티지 81평형대는 2009년 30억 원에 거래되었으나, 2014년 23억 원에 거래되기도 했고, 2018년 초까지 30억 원 중반대 가격을 유지했다. 2020년 4분기 이후에 50억 원 이상의 가격으로 안착한 모습이며 2021년 4분기 이후 70억 원대 거래가 나타났다. 래미안퍼스티지는 상승률 측면에서는 한남더힐이나 갤러리아포레보다는 높을 수 있으나, 다른 강남 아파트에 비해 상승률이 대단하다고 보기 힘들다.

　　이렇듯 트로피 아파트가 정말 좋은 투자처인지는 데이터를 보고 다시 한 번 고민할 필요가 있다. '과연 대형, 럭셔리 아파트가 똑똑한 한 채인가'에 대한 필자의 답은 '아니다'이다.

재건축과 재개발
_리모델링이 대세다

용적률이 높은 아파트 단지는 재건축이 아닌 리모델링 방식이 선호될 수밖에 없다. 리모델링은 준공 후 30년이 아닌 15년 이후부터 할 수 있고 안전진단도 B등급 이상이면 가능한 만큼, 상대적으로 법적 요건이 낮아 진행이 수월하다.

MZ세대가 재건축·재개발을 반기는 이유

MZ세대가 아파트 매수 그룹의 강력한 한 축으로 성장한 현재, 이들의 선호가 아파트 시장에 영향을 주는 것은 너무나 당연하다.《부동산 트렌드 2022》에서도 밝혔듯 이들 세대는 과시적, 차별적, 가치지향적 소비를 한다. '과시적'이면서 '차별적'인 소비 지향이 주택 시장에 투영되면, 아파트도 과시할 수 있는 공간임과 동시에 차별적인 서비스를 제공하는 곳이 되어야 한다.

이들이 추구하는 새로운 라이프스타일(공간을 통해 보다 시크하고 세련된 주거문화를 과시할 수 있는)과 플렉스Flex 소비가 주택문화에서도 나타나고 있다. 최근 준공된 아파트 단지는 이런 니즈에 부응해 단지 내 극장이나 스카이라운지 등을 조성하기도 하며 조식 서비스를 제공하기도 한다. 아파트 공간은 보다 최신 시설을 갖추면서 다른 단지와 차별적 서비스를 제공하는 방향으로 진화하고 있다.

그리고 이는 '신축 아파트 프리미엄'에 나타나고 있다. 구축 아파트와 신축 아파트(최근 5년 이내 준공된 아파트)의 평균 가격 차이는 지속적으로 증가하고 있는 상황이다. 서울 전체로 봤을 때 신축 아파트 프리미엄은 대략 40%에 달한다. 최근 준공된 아파트와 길을 사이에 두고 있는 근처의 10년 이상 된 아파트의 가격이 40%나 벌어진 것이다.

이렇듯 신축 아파트에 대한 프리미엄이 과거에 비해 높으면 기존 구축 아파트 단지는 당연히 리모델링이나 재건축을 통해 가격을 올리려는 계획을 세울 수밖에 없다. 그리고 다세대·연립 빌라 지역 주민 역시 본인들의 거주 여건을 향상하거나 자산 가치를 증식시키기 위해 재개발을 고려하는 상황에 직면한다.

MZ세대는 자산증식 욕구가 다른 세대에 비해 크다. 노년층은 재개발이나 재건축을 주저하는 경향이 있다. 남은 삶을 가급적 평온하게 살고 싶지, 새 아파트에 거주할 수 있다는 이유로 3~4년을 다른 곳에서 생활하는 번거로움을 반기지 않는다. 또 경제활동을 중단한 마당에 2~3억 원가량의 아파트 재건축 추가 부담금을 지불할 경제적 여력이 없을 수도 있다. 이런 이유로 노년층은 재건축·재개발에 호의적이지 않은 경우가 많다.

이에 비해 MZ세대는 보다 열성적으로 자산증식 전략을 이행한다. 그런 경우 이들은 적극적인 갭투자 세력이 될 수 있다. 본인들은 해당 단지에 거주하지 않으면서 단지의 가치 상승을 위해 재건축·재개발 지지 세력이 되는 것이다.

90년대 이후 아파트에 재건축 기대하기 힘든 이유

아파트 재건축 상황은 결코 녹록치 않다. 특히 서울과 인근 신도시의 상황은 더욱 그러하다. 아파트 재건축의 경우, 대규모 철거 후 새로운 고층 아파트 단지를 건설하는 것이므로 기본적으로 상당한 공사비가 들어간다. 따라서 몇 가지 조건이 먼저 해결돼야 한다.

우선 조합원 물건 이외 일반 분양 물건이 많아야 하며 높은 분양가를 받을 수 있어야 한다. 재건축을 추진하려는 아파트 단지는 현재 용적률(대지 면적에 대한 건물 연면적의 비율. 건축물에 의한 토지의 이용도를 보여 주는 기준이 된다)이 상대적으로 낮거나, '가구당 평균 대지 지분(=총 대지면적/총 세대수)'이 높아야 더 많은 분양세대 확보가 가능하고 추가 분담금이 적게 들어 사업성이 있다.

예를 들어 과거 잠실의 5층 주공아파트 단지나 개포동의 5층 주공아파트 단지는 용적률이 아주 낮고 평균 대지 지분이 높아, 더 많은 아파트 가구 건설이 가능했으며 그 덕에 사업이 빠르게 진행되었다. 현재 잠실과 개포동에서 고층 아파트 단지의 재건축이 더딘 것은 기존 아파트 단지의 용적률이 상대적으로 높고 대지 지분이 낮아 사업성이 상대적으로 떨어지는 것이 한 이유다.

수도권 1기 신도시 개요   자료출처_국토교통부

구분	단지수(개)	규모(가구)	평균 용적률(%)	최초 입주
분당	136	9만 4,600	184	1991년 9월
일산	134	6만 3,100	169	1992년 9월
평촌	54	4만 1,400	204	1992년 3월
산본	41	4만 1,400	205	1992년 4월
중동	49	4만 500	226	1993년 2월

* 규모는 공동주택 기준

1990년대 이후 건설된 서울 택지 지구(노원구 중계동, 하계동, 월계동) 및 제1기 신도시의 많은 아파트 단지들은 1970년대에서 1980년대 초반까지 지어진 강남의 주요 재건축 단지(개포 주공아파트나 반포 주공아파트 등)와 비교하면 평균 용적률이 150%로 높으며 평균 대지 지분도 상대적으로 낮은 편이다. 또한 평촌과 산본, 중동 신도시는 평균 용적률이 200%가 넘는다. 이런 경우 분양가가 낮게 책정되면 사업성을 담보하기 힘들어 사업이 제대로 진행되지 않을 수 있다. 재건축 자체가 힘들 가능성이 큰 것이다.

그리고 이러한 문제는 10년 후 재건축 연한이 도래하는 1990년대 후반~2000년대 초반에 준공된 아파트로 가면 더욱 심해진다. 이

전국 준공 시기별 용적률 평균 추이　　　　　　　　출처_부동산 114

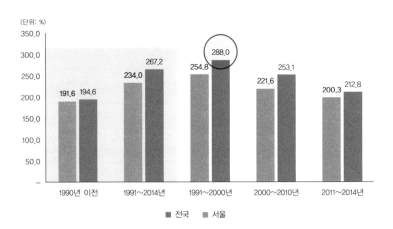

* 전국 아파트 중 주상복합을 제외한 총 100가구 이상 일반 아파트 6,175개를 대상으로 산출평균을 냈으며, 2014년은 9월초까지 입주한 대상이다.

런 아파트 중에는 과거 일시적인 용적률 규제 완화 등으로 용적률이 300%가 넘어가는 재건축·재개발 아파트들도 적지 않은 상황이다. 좌측 그래프에서 보이듯 1990년대 서울에서 준공된 아파트 단지의 평균 용적률은 288%에 이른다. 300%에 가까운 용적률의 아파트 단지를 철거하고 다시 약간의 용적률을 더해 새로운 아파트 단지를 건설하는 경우, 기존 조합원들은 엄청난 분담금을 내야 하는 상황에 직면한다. 용적률이 높은 단지의 '철거 후 재건축'은 결코 쉬운 상황이 아니다. 따라서 90년대 이후에 건설된 서울 내 거대 단지의 경우, 잠실이나 개포동 주공아파트 단지처럼 대규모 철거 후 재건축 아파트 단지로 변화하는 모습을 기대하기 어렵다.

재건축 아닌 리모델링이 뜬다!

그렇다면 이렇게 높은 용적률의 오래된 아파트 단지가 새롭게 태어나고자 할 때 가능한 선택지는 무엇이 있을까? 바로 '리모델링'이다. 이들 용적률이 높은 아파트 단지는 재건축이 아닌 리모델링 방식이 선호될 수밖에 없다. 리모델링은 준공 후 30년이 아닌 15년 이후부터 할 수 있고 안전진단도 B등급 이상이면 가능한 만큼, 상대적으로 법적 요건이 낮아 진행이 수월하다. 리모델링에 대한 선호는

♀ 건축법 제2조제10호, 주택법 제2조제25호, 건축법 시행령 제6조제6호 각 목, 주택법 시행령 제13조

리모델링과 재건축 기준 비교　　　　　　　　　자료출처_성남시 공동주택 정보누리

	리모델링	재건축
근거	주택법 및 건축법	도시 및 주거환경 정비법
성격	건축물 노후화 억제 및 기능 향상	노후불량 구조물 밀집지역 주거환경 개선 및 주택 공급
안전진단	수직증축 B등급 이상, 수평증축 C등급 이상	최소 D등급 이하(D,E)
최소연한	준공 후 15년 이상	준공 후 30년 이상
공사 방식	대수선 또는 부분 철거 후 증축	전면 철거 후 신축
증축범위	기존 전용면적의 30~40% 이내	용적률 범위 내
용적률	법적 상한 초과(건축심의로 결정)	법정 상한 이하 (3종 일반 주거지역 300%)
건축기준 완화	건폐율, 용적률, 높이제한, 조경 등	없음
구조	기존 구조를 보수·보강해 현행기준에 맞는 내진설계 기준 적용	현행 기준에 적합하게 설계 및 시공
기부채납	없음	도로, 공원, 녹지 등 제공

수치상으로도 드러난다. 수도권 리모델링 추진 단지는 2019년 37개 단지, 2020년 58개 단지에서 2021년 94개 단지로 지속적으로 증가하고 있다.[7]

리모델링 사례①_오금동 아남아파트

오금동 아남아파트는 총 300세대 미만, 일반분양 100세대 미만으로 분양가 상한제(주택건설 업체나 정비사업 조합이 과도한 이익을 남기지 않도록 분양가 상한선을 정해 그 가격 이하로 분양하도록 하는 규제) 적용이

오금동 송파더플래티넘 조감도　　　　　　　　　　　　　　　　출처_쌍용건설

제외되었으며 분양가가 높았음에도 분양 경쟁률이 치열했다. 리모델링이지만 세대수 구성이나 입지에 따라 충분히 사업성이 나올 수 있음을 보여준 사례다. 오금동 아남아파트는 '송파더플래티넘'으로 재탄생했다.

리모델링 사례②_분당 한솔주공5단지

한솔주공5단지는 1994년에 준공되었으며 2014년 리모델링 시범단지로 선정되었다. 1기 신도시 최초이자 1,000가구 이상의 대규모 단지로서는 최초로 리모델링 사업을 하게 됐으며, 사업시행 인가가 나며 집값 상승에 대한 기대감을 불러왔다.

분당 한솔주공5단지 리모델링 전(상)과 시행 후 조감도(하)　출처_재성공인(상), 포스코건설(하)

빌라촌의 변신? 소규모 재개발의 시대

아파트 단지 재건축과 함께 새 아파트 공급의 한 축을 이루는 것은 다세대·연립 빌라가 있는 지역을 구역으로 지정해 대규모 철거 후 '재개발'하는 것이다. 이런 경우 대개 30년이 경과한 주택이 구역에 소재한 전체 주택의 3분의 2 이상을 차지해야 하며 연면적 기준으로 전체의 60% 이상을 차지해야 한다.♀

그런데 서울의 경우 이런 조건에 맞춰 대규모 재개발을 할 수 있는 지역이 상당히 줄어들고 있다. 10년 전 서울에는 뉴타운 광풍이 불었다. 당시 많은 세입자와 기존 주민들을 강제 퇴거시키며 진행된 전면 철거 기반의 재개발은 상당한 저항을 맞고 방향성을 상실했었다. 재개발 이후 재정착률이 0%에 달하는 곳이 많았고 20%대만 되더라도 높은 곳으로 여겨질 정도였다.

과거 대규모 재개발에 대한 반성으로 도시개발의 트렌드는 보존과 개발의 균형점을 찾는 '도시재생'으로 방향이 정해졌다. 하지만 고(故) 박원순 전 서울시장 시기의 도시재생은 지나치게 개발을 억제하며 보존만을 강조한 측면이 강했다. 도시재생이라는 정책의 취지가 올바랐음에도 불구하고 세부 전략의 부재는 주택량이 적정한 (소비자가 원하는) 수준에 못 미치게 하는 결과를 낳았다. 따라서 전면

♀ 도정법 제2조제2호나목, 도시정비법 시행령 제10조제1항 및 별표1

철거 기반의 재개발과 보존만을 강조했던 도시재생 모두 도시계획과 부동산 정책 측면에서 올바른 방향은 아니었다.

　다시, 현재 서울의 상황을 보면 뉴타운이 해제된 후 여러 지역에서 신축 빌라들이 많이 공급되기 시작했다. 구역 내에 노후 건물이 자연적으로 없어지면서 신축 빌라 비중이 증가했고, 30년 이상 주택이 전체의 3분의 2 이상, 연면적 60% 이상이어야 한다는 노후도 요건을 충족하지 못하는 곳들이 늘어났다.

　또한 노후도 요건을 충족한다고 하더라도 전체 주민의 3분의 2 이상의 동의를 구한다는 것은 쉬운 일이 아니다. 따라서 노후도를 충족시키지 못하는 구역의 증가와 사람들의 동의를 구하는 힘든 과정 때문에 대규모 재개발의 시대는 저물고 있다.

　그럼에도 사람들은 새로운 주택에 거주하려는 열망이 크다. 빌라 대신 아파트에 거주하려는 욕망도 존재할 수밖에 없다. 현실적으로 대규모 재개발이 힘들어진 이때, 대안으로 '소규모 재개발'의 시대가 열리고 있다. 소규모 재개발 정책의 대표적인 사례는 가로주택정비사업이다. '가로주택정비사업'은 노후하거나 불량한 건축물이 밀집한 구역에서 기존의 폭(가로)은 유지하면서 작은 규모로 주거환경을 개선하는 사업이다. 개발 면적(토지 면적)은 1만m²(3,000평) 이하

⚲ 소규모주택정비법 시행령 제3조제1항제2호 및 같은 법 시행규칙 제2조

이며 노후도 기준이 완화되었다. 정비계획 수립이나 구역 지정 등이 간소화되는 등 절차도 상당히 완화되었다.[9]

가로주택정비사업의 주요 내용(서울시 정비사업 정보몽땅)

최근 가로주택정비사업을 추진하는 단지가 빠르게 증가하고 있다. 2016년 15개 단지에서 2017년 47개 단지, 2018년 64개 단지, 2019년 111개 단지로 지속적으로 늘어나는 추세다.[8] 위치가 좋은 가로주택정비사업에 대기업도 뛰어들고 있다. 강남구 삼성역 대치 비취타운은 현대건설이 시공을 맡으며 프리미엄 브랜드인 디에이치 THE H 아파트 단지로 탈바꿈할 예정이다. 즉, 입지가 좋고 사업성이 좋은 경우 하이엔드 브랜드 업체의 참여도 가능하다는 이야기다.

과거 강남구 삼성역 비취타운(좌)과 비취타운 재건축 후 조감도(우)　　　출처_현대건설(우)

센트레빌아스테리움 영등포 투시도　　　　　　　　　출처_동부건설

　　영등포역의 센트레빌아스테리움 역시 가로정비주택사업의 또 다른 예로 동부건설의 하이엔드 브랜드 '아스테리움'이 참여했다. 영등포 역세권에 위치한 센트레빌아스테리움은 영등포 뉴타운 구역 지정 해제 후 가로주택정비사업으로 소규모 재개발을 재추진한 사례다. 2022년 2월에 진행된 청약은 경쟁률 200대 1이라는 큰 관심 속에 마감했다.[9]

부동산 PLUS

리모델링과 소규모 재개발의 장점

① 신축을 통한 자산 가치의 상승

② 적은 세대수 및 간이한 절차에 따른 빠른 사업 속도

③ 재개발·재건축이 불가능한 지역도 도시환경 개선 가능

④ 실거주 만족도 개선

2023년
부동산 가격
大예측

①

2023년 부동산 가격, '인플레이션'은 알고 있다

문제는 앞으로다. 기준금리는 현재의 2.5%보다 훨씬 더 인상될 가능성이 크다. 상승하는 기준금리는 시장 투자수익률을 위로 끌어올릴 것이다. 그렇다면 부동산 가격 하락이 지속될 가능성 역시 클 것이다.

현재의 위기는 2008년 금융위기와 전혀 다르다

2022~2023년의 위기를 2008년 금융위기와 비슷하리라 여기는 경우를 종종 접한다. 전 세계를 휩쓴 금융위기라는 공통점 때문이다. 또한 당시에 매우 심각한 상황이었지만 얼마 지나 위기를 극복했으니 이번에도 결국 시간이 해결해줄 거라 여기는 듯하다. 하지만 2008년과 현재의 상황에는 근본적으로 큰 차이가 있다.

첫째, 2008년에는 중앙정부에서 개입할 여지가 있었다. 미국의 경우 2008년 위기 이전 2007년 12월 기준금리는 4%에 달했다. 2008년 위기가 진행되며 천천히 인하하기 시작한 기준금리는 2008년 12월에 0.2%에 달하면서 실질적으로 제로 금리 상태가 되었다. 그리고 제로 금리는 2017년 중반까지 유지되었다. 따라서 현재 우리나라 기준금리(2022년 8월 현재 2.5%)보다도 높은 4% 기준금리에서 무려 400bps(1bps=0.01%)를 낮출 여력이 충분한 상황이었다.

이는 우리나라도 동일하다. 2007년 말 우리나라 기준금리는 5%, 2008년 9월은 5.25%에 달했다. 그리고 2008년 4분기, 위기가 본격화되자 기준금리를 지속적으로 낮췄고 2009년 2월 기준금리는 2%에 도달하며 당시 기준 역대 최저 수준이 되었다. 과거 기준금리는 충분히 낮출 여력이 있는 5%였다는 의미다. 즉 2008년 금융위기 때는 1년이라는 짧은 기간에 미국이 무려 400bps, 우리나라는 325bps 금리를 인하할 수 있는 상황이었다.

그런데 지금은 상황이 전혀 다르다. 2022년 8월 25일 한국은행이 기준금리를 25bps 인상해 2.5%가 되자, 언론에서는 기준금리가 높아 가계부채 위기와 경제위기가 심화될 것이라는 보도가 나왔다. 2.5% 기준금리는 2008년 위기 당시 낮췄던 기준금리를 조금 상회하는 수준에 불과한데도 말이다. 다시 강조하지만 당시는 전 세계를 강타한 경제위기 대처를 위해 정부가 정책적으로 금리를 '인하'할 수 있는 여력이 있었던 데 반해, 현재는 경제위기가 닥쳐오고 있음에도 정부가 금리를 '인상'해야 하는 상황인 것이다.

둘째, 인플레이션의 방향이 정반대이며 원인도 달랐다. 2008년 위기 전까지 글로벌 경제는 매우 호황이었다. 물론 경기의 바탕에는 부동산 버블이 끼어 있는 상황이었으나 경제 자체는 매우 좋다고 여겨졌다. 물가상승률은 2007년 2%대 그리고 금융위기가 터지기 직전인 2008년 9월까지는 5%대로 올라갔었다. 그러나 2008년 하반기 글로벌 금융위기가 시작되자 전 세계적인 수요 감축이 발생했고 경제가 불황에 빠져들며 2009년 중반까지 물가가 하락했다. 경기를 되살리기 위해 기준금리를 0%대 수준까지 낮추면서 시장에 유동성이 공급됐지만 시장에 자본이 넘쳤음에도 2010년 1월부터 2019년 12월말까지 미국 인플레이션은 평균 1.8%(전년 동기 대비)밖에 상승하지 않았다. 유동성이 공급되었지만 인플레이션이 발생하지 않은 것이다.

하지만 지금은 다르다. 코로나로 위기에 처한 저소득층 서민 보호를 위해 많은 현금이 살포되면서, 구직보다는 실업급여를 택하는 사람들도 생겼으며 미국 주요 도시에서는 임금을 인상해도 사람을 구하기 어려운 상황까지 발생했다. 시장에 천문학적인 돈이 풀리며 유동성이 공급되자 물가가 폭등했다. 2008년 위기 때와는 확연히 다른 결과다. 이에 더해 글로벌 제조공장 역할을 하는 중국이 제로 코로나 정책을 펼치며 주요 도시들을 봉쇄하고 예상치 못했던 러시아의 우크라이나 침공 등으로 인해 전 세계 공급망에 차질이 발생했다. 글로벌 공급망 문제 해결에는 상당한 시간이 필요하다는 분석을 감안할 때, 현재의 위기는 단순히 일개 국가의 개입으로 풀 수 있는 수준을 넘어서고 있음을 알 수 있다.

셋째, 2008년 금융위기는 미국을 넘어 유럽으로까지 번졌으나 중국으로 번지지는 않았다. 중국 GDP 성장률은 2008년 9.65%, 2009년 9.4%, 2010년 10.64%, 2011년 9.55%로 중국은 글로벌 경제 위기 중에도 매우 선방한 나라였다. 그러나 현재의 위기에서 중국 GDP 성장률은 2020년 2.24%로 2019년 5.95%에서 크게 떨어졌다. 2021년 다시 8.1%까지 성장률을 회복했으나 2022년 현재 주요 도시들의 봉쇄로 GDP 전망치가 떨어지고 있다.[10] 이처럼 중국의 경제 상황이 전과 다르다는 점도 2008년 위기와 현재 상황을 동일선상에서 이해할 수 없는 이유다.

다시 요약하면 1)2008년 글로벌 경제위기가 닥쳤을 때, 주요 국가들은 상대적으로 높았던 기준금리를 낮출 수 있었던 데 비해 현재는 오히려 높여야 하는 상황이며, 2)글로벌 공급망 위기라는 구조적 문제에서 기인한 인플레이션 상승 압박이 다르며, 3)중국의 경제 상황이 10년 전과는 완전히 다르다는 것이다. 이런 근본적 차이가 있기 때문에 이번 경제위기도 전처럼 시간이 해결해줄 것이라 단순히 생각해서는 안 된다.

2023년은 '슈퍼 인플레이션'의 해다

현재 글로벌 경제의 화두는 단연 인플레이션이다. 필자가 2022년 부동산 가격 예측 모형에서 고려했던 가장 큰 변수는 아파트 공급량과 같은 공간 시장 변수가 아니라 인플레이션과 인플레이션에 대응하는 기준금리 상승 폭이었다. 그리고 이는 2023년 예측 모형에서도 똑같이 적용된다. 오히려 현재는 2022년에 예상했던 인플레이션 규모를 넘어서는 상황이 되었고, 2023년 예측 모형에서 인플레이션의 영향은 더 크고 복잡할 수밖에 없다.

여러 번 반복해 얘기했지만 인플레이션은 부동산 시장에 플러스 요소와 마이너스 요소라는 양날의 칼로 작용한다. 그리고 이러한 양방향의 힘이 2023년 부동산 가격 하락 폭에 큰 영향을 미친다. 개략적으로 설명하자면 인플레이션은 임대료의 급격한 상승을 불러와 부동산 투자수익률을 중요하게 보는 사람들에게 매력적인 요인으로 작용한다. 만약 임대료 인상으로 은행 이자를 뛰어넘는 수익률이나 과거보다 높은 수익률이 나오는 경우 많은 사람이 해당 부동산 투자에 참여할 것이다. 즉, 임대료 상승으로 인해 부동산 투자가 더 활성화됨으로써 부동산 가격이 '상승'할 수 있다.

한편 인플레이션 상승은 반드시 잡아야 할 정책당국의 특명이다. 특히 1970년대 두 차례의 슈퍼 인플레이션을 경험했던 미국은 더욱 그러하다. 따라서 정부는 기준금리 인상을 적극적으로 펼치게 되는데, 이는 앞서 설명했듯이 부동산 가격 '하락'에 불을 지피는 요인이다. 결국 인플레이션은 부동산 시장에 임대료 상승이라는 플러스 요인과 가격 하락이라는 마이너스 요인의 양방향에 영향을 준다. 지금부터 하나씩 그 관계를 자세히 살펴보겠다.

물가 상승으로 웃는 월세 건물주?

국토부 실거래가 빅데이터에서 서울 아파트 33평형의 월세 추이를 살펴봤다. 여기서의 월세는 전세 혹은 반전세가 아닌 일반적인 월세를 의미한다. 예를 들어 30평형대 아파트가 보증금 5,000만 원에 월세 200만 원 수준으로 부동산에 나온 물건은 월세로 보는 게 타당하며, 이러한 수준의 자료들을 모아서 해당 시점의 평균 월세를 살펴볼 것이다.

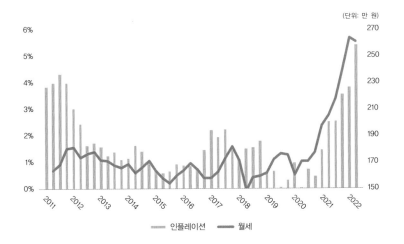

인플레이션과 서울시 아파트 33평형 월세 추이(2011~2022년)

(단위: 만 원)

인플레이션 ▬▬ 월세

　서울의 33평형 아파트 월세는 2011년부터 2020년 말까지 대략 150만 원에서 170만 원 선에서 움직였다. 2010년대 들어 10년간 경기 부침이 있었는데 해당 기간은 가계 소득이 대략 50% 상승한 시기였음에도 월세는 매우 안정적인 모습이다.

　그런데 인플레이션과 월세의 추이를 보면, 둘이 매우 유사하게 움직이는 것을 알 수 있다. 2011년부터 2015년까지 물가상승률이 4% 대에서 1%대로 하락했던 기간, 월세는 170만 원에서 150만 원 선으로 감소했다. 이후에도 두 지표가 연동해 움직이는 모습이 보이며, 특히 2020년 이후 물가 상승률이 0%에서 5%대로 급격히 상승하는 구간에서는 과거에 보지 못했던 월세 상승이 나타나고 있음을 알 수 있다. 2020년 6월부터 2022년 6월까지, 2년 동안 월세가 170만 원에서 260만 원으로 53% 폭등한 상황이다.

따라서 향후 인플레이션이 지금보다 더 높은 수준에서 장기간 지속된다면 월세 상승도 일정 기간 지속될 수 있다. 반대로 인플레이션이 꺾이기 시작한다면 월세 조정이 일어날 확률이 높다. 다만 부동산은 하방경직성이 강한 자산인 만큼 치솟은 월세가 폭락하는 상황을 기대하는 것은 기우다.

인플레이션이 부동산 투자수익률에 미치는 영향

거대한 인플레이션이 발생했을 때 정부당국에서 사용하는 수단 중 하나는 기준금리를 조절하는 일이다. 과거 우리나라도 인플레이션이 오면 금리를 올림으로써 이를 완화하곤 했다. 인플레이션과 기준금리는 같은 방향으로 움직인다. 인플레이션이 오면 금리가 올라가고 반대도 마찬가지다. 최근 역시 인플레이션이 매우 가파르게 상승하고 있는 만큼 기준금리 상승도 예상된다. 다만 여기서 금리를 얼마나 빠르게 어느 정도 인상하느냐가 핵심이 될 것이다.

기준금리 상승은 부동산 가격 하락 압박을 주며 투자수익률에 영향을 미친다. 앞서 설명한 바와 같이 투자수익률은 1년 치 월세의 합(순운영소득°)을 건물 가격으로 나눈 것이다. 그리고 투자수익률은 크

°투자수익률의 분자는 엄밀하게는 순운영소득(Net Operating Income)을 의미하는데, 이는 임대료에서 각종 비용을 뺀 것이다.

인플레이션과 서울 33평형대 아파트 투자수익률, 기준금리 추이(2011~2022년)

게 3가지 요인에 의해 영향을 받는다.

첫째는 '무위험 수익률'이다. 가장 대표적인 무위험 수익률은 기준금리 혹은 기준금리와 연동한 국고채 10년물 수익률이다. 정부 은행의 이자율이나 정부에서 발행한 국고채는 파산으로 인한 미지급 염려가 거의 없는, 그야말로 무위험 상품이다. 따라서 부동산 투자수익률은 대개의 경우 무위험 수익률보다 높아야 한다. 본 모형에서는 무위험 수익률의 예로 기준금리를 들었는데, 그래프에서도 보이듯 기준금리가 낮아질 때는 부동산 투자수익률도 낮아지는 경향이 있고, 높아질 때는 부동산 투자수익률도 상승하는 경향이 있다. 하지만 부동산 투자수익률이 기준금리 이하로 내려간 적은 거의 없다.

둘째는 '리스크 프리미엄'이다. 부동산에 투자할 때 가장 큰 리스크는 팔고 싶을 때 팔지 못하는, 즉 '환금성'과 관련한 리스크이다. 부동산 시장이 활황일 때는 이런 문제가 발생하지 않지만, 경기가 죽게 되면 급매에도 부동산이 팔리지 않는 경우가 나타난다. 2022년 8월 현재, 고점 대비 수억 원 떨어진 매도호가에도 아파트의 매수세가 붙지 않는 상황이 그것이다. 환금성으로 인한 부동산 리스크는 투자수익률에 고려되는데, 이러한 투자수익률과 기준금리(무위험 수익률)의 차이를 '리스크 프리미엄'이라고 볼 수 있다. 2011년부터 현재까지 부동산 투자수익률은 기준금리보다 1%p 정도 높았는데, 이 정도를 리스크 프리미엄으로 볼 수 있다.

셋째는 '미래 가격 상승에 대한 기대'다. 만약 어떤 지역의 가격 상승에 대한 기대가 높게 나타난다면 해당 지역의 주택 매수세가 강해질 것이고 이는 가격 상승으로 연결된다. 따라서 미래 가격 상승이 크게 예상되는 지역은 투자수익률이 낮아진다. 미래 가격 상승이 클 경우, 투자수익률의 분모인 부동산의 가격 상승이 크게 일어나기 때문이다. 그래프의 기준금리와 서울 33평형대 아파트의 투자수익률 추이를 보면 투자수익률이 기준금리보다 높게 형성되고 있으나, 2022년 중반에 이르면 기준금리가 빠르게 상승하는 데 반해 투자수익률은 정체된 동향이 보인다. 2011년 이후, 서울 33평형대 아파트의 투자수익률이 기준금리보다 낮았던 적은 없었다. 그런데 2022년 2분기에는 투자수익률이 1.73%로 기준금리(당시 1.75%)보다도 낮은 상황이 발생했다. 일어나서는 안 되는 일이 벌어진 것이다. 이는 대표적인 '버블'의 징후로 시장은 항상 정상화 과정(이 경우 부동산 가격 하락)을 겪을 수밖에 없다. 따라서 2022년 7월 이후 가격 하락이 가속화되는 현상은 기준금리보다 낮았던 투자수익률이 정상화 과정을 밟는 것으로 봐야 한다.

문제는 앞으로다. 기준금리는 현재의 2.5%(집필 시점인 2022년 8월 기준, 출간 시점인 10월에 3.0%로 인상됨)보다 훨씬 인상될 가능성이 크다. 부동산 투자수익률이 기준금리보다 낮았던 역사가 없었다면 앞으로도 없을 가능성이 크다고 봐야 할 것이다. 따라서 상승하는 기준금리는 시장 투자수익률을 위로 끌어올릴 것이다. 그렇다면 부동산 시장 정상화 과정에서 가격 하락이 지속될 가능성이 크다.

결국 인플레이션은 임대료를 상승시킨다는 측면에서는 부동산 시장에 긍정적인 영향을 주나, 기준금리 상승과 투자수익률 상승 그리고 부동산 가격 하락을 이끄는 양방향의 힘이 있는 것이다.

인플레이션 → 임대료 상승 → 건물 매수세 증가 → 부동산 가격 상승(+)
인플레이션 → 기준금리 상승 → 시장 투자수익률 상승 → 부동산 가격 하락(−)

임대료 상승과 매수세 증가 사이의 연결과정을 조금 더 설명하고자 한다. 부동산 시장의 투자수익률이 4%라고 가정하자. 서울의 한

33평 아파트의 투자수익률이 4%로, 아파트 가격은 10억 원에 형성됐으며 1년 임대료는 4,000만 원(=10억 원×4%)인 상황이다. 그런데 이 아파트 단지가 새롭게 리모델링을 하며 1년 임대료가 5,000만 원으로 인상되었다고 하면, 이 아파트는 갑자기 투자수익률이 5%(=5,000만 원/10억 원)로 상승한다. 시장 투자수익률이 4%인데 이 아파트 단지의 수익률이 5%라고 하면, 사람들은 4%보다 높은 5% 수익률을 얻기 위해 해당 단지에 투자하고자 할 것이다. 그렇다면 해당 단지의 가격은 10억 원에서 서서히 상승하면서 12억 5,000만 원에 이르게 된다. 시장에 형성된 투자수익률인 4%에 맞춰지는 가격이 12억 5,000만 원(=5,000만 원/4%)이기 때문이다. 따라서 어떤 상황으로 인해 임대료가 상승한 경우, 종국에는 이것이 부동산 가격 상승으로 귀결될 수 있다는 결론이 나온다.

위의 인플레이션과 임대료의 관계는 매우 자연스러운 것이나, 인플레이션과 기준금리의 관계는 정부당국의 정책적 판단에 달린 것이다. 즉 인플레이션이 왔는데 기준금리 대응이 늦거나 소극적인(인상 폭이 작은) 경우, 부동산 가격은 약간 하락할 수도 있으나 임대료 상승으로 인해 투자 상품이 매력적으로 보이게 되면서 오히려 매수세를 불러와 가격 상승으로 연결될 수 있다. 역으로 정부당국이 인플레이션을 잡기 위해 기준금리를 충분히 올리는 경우, 인플레이션이 꺾일 때 임대료 상승세도 꺾여 임대료가 하락하는 상황이 올 수 있으며 부동산 가격은 추가로 더 하락할 수도 있다.

엄청난 단기 조정의 가능성

　필자는 2006년부터 글로벌 상업용 부동산 비교 연구를 진행하고 있다. 하버드대학교 박사 논문도 LA 대도시 지역의 오피스 투자수익률에 관한 것이었으며, 미국 보스턴의 리서치 회사에서 근무할 때도 아시아와 유럽 주요 도시들의 오피스 가격 및 임대료 예측모델 구축을 담당했었다. 귀국 후에는 국민연금 해외대체투자 외부심사위원을 역임하면서 글로벌 오피스 시장의 트렌드를 읽고 관련한 논문들을 발표 중이다. 이렇게 필자 개인의 이력을 적은 이유는 과거부터 상업용 부동산 시장에서 일하면서 가장 중요하게 느낀 부분이 '투자수익률'에 대한 것인데 우리나라는 주택 시장, 특히 아파트 시장에 투자수익률조차 없는 아이러니한 상황 때문이다.

　미국에서 근무했던 회사의 고객사들은 골드만 삭스Goldman Sachs 등을 위시한 월 스트리트 금융 회사와 국민연금 같은 거대한 국부펀드였다. 그리고 이들은 수십 개 국가의 수백 개 도시를 검토하면서 투자할 건물을 선정한다. 이런 건물들의 투자 단위는 최소 1,000억 원 이상인 경우가 태반이다. 투자 결정 전에 검토하는 물건들의 규모 또한 엄청나다. 전 세계 주요 국가와 해당 국가의 주요 도시들 그리고 도시 내에 있는 엄청난 수의 건물들을 살펴본다.

　이런 수준의 물건을 검토하는 경우, 뉴욕 오피스 건물이 평당 5억 원이냐 동경은 3억 원이냐 서울은 2억 원이냐 하는 질문에는 도저히 대답할 수도 없거니와 이는 적절한 비교 대상도 아니다. 만약 뉴욕의 어떤 오피스 건물이 20%라는 말도 안 되게 높은 투자수익률로 연 1억 원의 수익을 안겨다 준다고 가정하자. 한편 서울의 한 오피스 건물은 투자수익률이 5%이며 연 1,000만 원의 임대 수익이 나온다. 이럴 때 단순히 뉴욕의 오피스가 서울 오피스보다 가격이 비싸다고 서울 오피스가 더 좋은 투자 대상이라 생각하는 사람은 없을 것이다. 이 예시에서 뉴욕 오피스 가격이 서울보다 2.5배 비싼 것은 문제되지 않으며, 오히려 뉴욕이라는 글로벌 금융 허브의 건물이 매우 할인되어 나온 것이니 반드시 잡아야 하는 물건일 것이다.

이렇듯 글로벌 금융회사들이 맨 처음 투자를 결정할 때 바라보는 지표는 건물 평당가격이 아니라 '투자수익률'이다. 뉴욕 오피스 건물의 투자수익률이 몇 퍼센트이고, 그것이 과거보다 낮은 수준인지, 수치가 아시아나 유럽 주요 도시보다 높은지 낮은지 등을 본 후에야 건물 내부의 문제들을 살펴본다.

그런데 우리나라 아파트 시장은 가장 중요한 투자수익률에 대한 정보가 공신력 있는 기관을 통해 발표되지 않고 있다. 이는 우리나라 주택 부동산 연구가 아직 글로벌 차원의 연구를 따라가지 못하고 있다는 의미다. 2021년에 출간한 《부동산 트렌드 2022》에서 제시한 투자수익률은 필자 개인 연구실에서 발표한 것이기에 작은 오차가 있을 수 있다. 그럼에도 시계열 트렌드가 현실을 반영한다는 측면에서 충분히 사용 가능한 지표라 본다.

지금부터는 서울대학교 공유도시랩의 투자수익률을 바탕으로 현재 서울 아파트 시장의 심각성과 단기 조정 폭(예상 하락률)을 살펴보도록 하겠다. 2022년 6월 기준, 서울과 강남3구, 노도성 지역의 시장 투자수익률은 아래와 같다.

- 서울시 전체: 1.75%
- 강남3구: 1.75%
- 노도성: 2.13%

2021년 중반에는 노도성의 투자수익률이 강남3구보다 낮은 예외적인 상황(고가 주택이 수요가 많아 가격이 높고, 투자수익률이 낮은 것이 보통이다)이 발생했으나, 2021년 연말부터 노도성 지역의 가격이 빠르게 하락하면서(분모인 건물 가격의 하락) 노도성은 강남3구보다 높은 투자수익률을 보여주고 있다.

그런데 문제는 2022년 8월 현재 한국은행의 기준금리가 2.5%에 달하고 국고채 10년물 금리가 3.6%에 이른 상황에서, 서울과 강남3구, 노도성 지역 모두 '역마진'이 발생한 것이다. 즉 현재의 투자수익률은 무위험 수익률인 기준금리와 국고채 10년물 금리보다도 낮은 것이고, 따라서 투자수익률은 최소한 기준금리와 같은 수준으로 올라갈 수밖에 없다.

계량분석기법을 통해 2022년 6월 기준 적정한 수준의 투자수익률을 계산하면 다음과 같다.

서울시, 강남3구, 노도성 투자수익률 추이(2011~2022년)

　· 서울시 전체: 2.85%

　· 강남3구: 2.29%

　· 노도성: 3.25%

　분석모형을 통해 나온 적정 투자수익률은 모두 현재의 기준금리 보다 높은 상황이며, 모형을 통해 계산된 투자수익률(Fitted Yield)과 실제 투자수익률(Actual Yield)의 차이는 대개 '버블'의 정도를 의미한다. 두 값의 차이(스프레드)가 클수록 버블이 심한 것이므로 향후 시장 정상화(이 경우 부동산 가격의 하락)의 정도도 더 클 수 있다. 다음의 표와 같이 노도성 지역의 스프레드는 1.12%p로 0.54%p인 강남

3구에 비해 버블이 많이 끼여 있는 상황이다. 따라서 향후 단기 조정 폭도 가장 클 것으로 예상된다.

실제 투자수익률과 적정 투자수익률의 차이로 보는 버블의 정도

	실제 투자수익률	적정 투자수익률	차이(스프레드)
서울시 전체	1.75%	2.85%	1.1%p
강남3구	1.75%	2.29%	0.54%p
노도성	2.13%	3.25%	1.12%p

2021년 중반부터 2022년 8월 현재까지의 투자수익률 간 차이를 바탕으로 계산된 버블의 정도는 대략 10% 후반에서 30% 사이다. 구체적으로 아래 수준의 단기 조정이 발생할 가능성이 높다.

· 서울시: 20% 전후 단기 조정

· 강남3구: 18% 전후 단기 조정

· 노도성: 26% 전후 단기 조정

이 수치는 2022년 하반기와 2023년 상반기에 걸쳐 수개월간 시장 정상화 과정에서 발생할 수 있는 하락 폭이다. 즉, 기준금리가 상승하면 실제 투자수익률 상향 조정이 불가피하며 이 과정에서 부동산 가격이 빠르게 하락하는 것이다. 실제로 시장 조정이 일어날 때 발생할 단기 수익률 조정과 이로 인한 가격 인하 폭을 유의 깊게 보길 바란다.

향후 인플레이션과 기준금리의 추가 상승이 예견되고 있다. 현재는 위기의 시작점이지 종착점이 아니다. 단기 조정은 2022년 8월 현재의 '기준금리'와 '실제 투자수익률' 그리고 '적정 투자수익률과 실제 투자수익률의 차이'를 통해 분석한 단순한 방식이다. 따라서 단기적인 관점에서 현재 시점의 투자수익률과 적정 투자수익률을 단순 비교하는 것을 넘어선 중장기적인 '가격 예측'이 필요하다. 곧이어 기준금리 상승 시나리오별로 서울 아파트 가격의 구체적인 예측치를 살펴볼 것이다.

다만 이때 해석에 주의해야 할 부분이 있다. 지금까지 살펴본 단기 조정으로 인한 가격 하락 부분은 뒤이어 설명할 가격 예측모형에 포함된다는 점을 인지해야 한다. 만약 단기 조정으로 서울 아파트 가격의 20% 하락, 예측 모형에서 30% 하락이 나타나는 경우, 서울 아파트가 50%(=20%+30%) 하락한다는 의미가 아니다. 30%의 하락폭 안에 단기 조정 20%가 포함돼 있는 것이다.

2

2023년
'서울 아파트 가격' 大전망

서울 아파트 가격 하락 폭이 25%라고 하면 누군가는 세상 끝에 다다른 것 같은 생각이 들며 이를 말도 안 되는 수치로 치부할 수도 있다. 하지만 투자자라면 연평균 25% 이상 상승했던 시장에서 25% 하락도 발생할 수 있다는 점을 인지해야 한다.

미래 부동산 가격을 예측하는 방법

부동산 가격은 크게 부동산이라는 건물 및 주택과 관련한 공간 시장(Space Market)과 부동산 투자와 관련한 금융 시장(Capital Market)의 영향을 받는다. 예측 모형의 설계에는 공간 시장과 금융 시장의 주요 변수들이 고려되고, 변수들이 상호작용하며 예측값이 도출된다. 예를 들어 미래 부동산 수요를 예측하는 수요 모델과 공급량을 가정하는 공급 모델, 미래 투자수익률의 향방을 알려주는 수익률 모델 등 다양한 모델들이 서로 영향을 주고받으면서 예측 모형이 작동하게 된다. 또한, 미래 가격 예측은 과거 트렌드를 바탕으로 만들어진 다양한 시나리오를 통해 도출된다. 가령 GDP 성장이 과거 평균 성장률보다 낮은 경우 부동산 가격이 어느 정도 하락하는지 혹은 평균 성장률보다 높은 경우 어떤 효과를 창출하는지를 과거 패턴을 분석해 유추하는 것이다. 중요한 변수가 일정한 범위에서 움직인다고 할 때, '부동산 가격'이라는 변수의 상승과 하락 범위를 도출하게 된다.

부동산 시장의 대외변수가 매우 안정적인 상황(안정적인 경제성장률을 구가하면서 모든 대내외 지표들이 안정적일 때)이라면 부동산은 공간 시장의 영향을 더 많이 받는다. 예를 들어 2010년대 중반처럼 물가 상승률이 1~2%대이면서 외부 경제 쇼크가 없는 경우, 공간 시장 요소인 신규 주택 공급량이 지나치게 감소했다면 가격 상승에 대한 신호가 강하게 나올 수 있다.

그런데 2020년 코로나 사태와 같이 아무도 예상하지 못했던 부동산 시장 외부의 변수가 출몰해 전 세계적인 영향을 미친다면 공간 시장 변수는 큰 영향을 주지 못할 수 있다. 실제로 글로벌 차원의 위기가 발생하고 경제가 심각하게 타격을 받는 상황이 명확해지자, 거의 모든 나라가 기준금리를 대폭 인하했다. 이렇게 금리 인하로 시장에 유동성을 대거 공급하는 상황에서는 금융 시장의 영향이 절대적으로 클 수밖에 없다. 이럴 때는 신규 주택 공급이 과거 평균보다 조금 적거나 많다는 등의 이슈보다는 기준금리 0%대 상황에서 시중에 풀린 자금이 대거 부동산 시장으로 진입하고 있느냐가 더 중요한 문제가 된다.

2023년 서울의 집값은 어떻게 될까?

인플레이션으로 인한 영향은 매우 복잡한데, 2023년 서울 아파트 가격 예측을 위한 가정은 다음과 같다.

1)미국 인플레이션의 향방과 미국 연방준비은행의 기준금리 대응이 우리나라 상황보다 중요할 수 있다.

연준은 인플레이션 상승을 절대 좌시하지 않을 것이므로 기준금리는 지속적인 인상이 예상된다. 한국은행은 자의 혹은 타의(미국 상황)에 의해 기준금리 인상(보수적으로는 미국 수준으로)이 불가피하다.

2) 상당한 수준의 인플레이션이 일정 기간 지속될 가능성이 크기 때문에 임대료 상승이 일어날 것이다.

월세 상승은 세입자에게는 상당히 안 좋은 상황이 맞지만 부동산 가격 폭락을 방지하는 매개체가 되기도 한다. 인플레이션 대응으로 인한 기준금리 인상 그리고 이로 인한 부동산 가격 급락을 임대료 상승이 방어하는 형국이다. 그럼에도 인플레이션 상승분만큼 사람들의 소득이 상승하지 않아 실질소득이 매우 위태로운 현실을 고려할 때, 임대료가 지속적으로 인상되기는 힘들다.

3) '인플레이션이 언제쯤 꺾일 것인가?'는 향후 기준금리와 임대료 향방에 결정적 영향을 미칠 것이다.

생각보다 인플레이션이 빨리 잡히기 시작하면 임대료 상승이 빠르게 멈추고 기준금리 인상 폭도 우리 예상보다 낮아질 수 있다. 그렇더라도 인플레이션이 확실히 꺾이는 것을 확인하기 전까지는 기준금리가 인하되기 힘들고 그 시점은 일정 기간 후가 될 것이다.

그럼 이제 여러 가정 끝에 도출한 '2023년 서울 아파트 가격 예측'의 결과를 살펴보겠다. 2023년 말에 당도할 것으로 예상되는 기준금리별로 3가지 시나리오를 제시한다. 모든 예상치는 2022년 4분기 대비 연간 상승률, 즉 2023년 4분기를 기준으로 한 것이다.

시나리오① 2023년 말 기준금리 3.25%

첫 번째 시나리오는 기준금리가 2023년 중후반까지 3%대 중반에 오르다가 연말에 인플레이션이 꺾이는 것이 확인되고 경기 활성화 차원에서 유동성 공급을 위해 이자율을 3.25%대로 맞추는 경우다. 인플레이션이 2022년 후반~2023년 초중반에 꺾이는 상황을 가정했다. 이 경우 서울의 아파트는 2023년 4분기 연간 상승률을 기준으로 25% 내외의 하락이 예상된다.

다만 여기서 경계해야 할 부분은 가격 하락과 상승 폭 수치에 대한 과도한 공포다. 예를 들어, 서울 아파트 가격 하락 폭이 25%라고 하면 누군가는 세상 끝에 다다른 것 같은 생각이 들며 이를 말도 안 되는 수치로 치부할 수도 있다. 하지만 투자자라면 연평균 25% 이

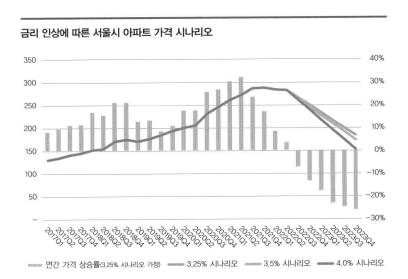

금리 인상에 따른 서울시 아파트 가격 시나리오

━ 연간 가격 상승률(3.25% 시나리오 가정) ━ 3.25% 시나리오 ━ 3.5% 시나리오 ━ 4.0% 시나리오

상 상승했던 시장에서 25% 하락도 발생할 수 있다는 점을 인지해야 한다. 2021년 1분기와 2분기는 연간 상승률 기준 30%와 32% 상승을 구가했던 때다. 이처럼 짧은 기간에 대폭등을 했던 시기가 바로 이전에 존재했다면, 경제 상황이 급변할 때 역으로 폭락이 발생할 수 있다. 그리고 이 가능성이 서울에서 나타날 것으로 보인다.

그런데 여기서 또 생각해봐야 할 점은 25% 하락했다한들, 아파트 가격이 2016년이나 2017년으로 돌아갈 정도는 아니라는 것이다. 향후 기준금리가 3.25% 수준에 이르고 2023년 4분기 기준으로 연간 상승률이 25% 하락한다고 했을 때의 가격은 2019년 3분기 수준이다. 그리고 2019년 3분기의 가격은 여전히 2010년대 최저점이었던 2013년 1월보다 84% 높은 가격이며, 폭등 시작 시점이라고 볼 수 있는 2016년 1분기에 비해서도 54% 높은 가격이다.

따라서 수십 퍼센트의 폭등이나 폭락보다 더 중요한 것은 '어느 시기의 가격'으로 회귀하냐이며, 이를 통해 향후 주택 매수 시점의 준거로 활용해야 한다. 이후 설명하겠으나 최악의 경우 기준금리가 4%까지 상승한다면 가격은 30% 이상 하락할 수 있다. 하지만 그럼에도 해당 가격은 2018년 상반기에 불과하다.

따라서 2019년 3분기 가격이 우리가 생각해야 할 1차 방어선이며 최악의 방어선은 2018년 상반기 가격이 될 것이다. 이를 역으로 해석한다면 본인의 상황에서 주택을 매수해 10년을 버틸 수 있다면, 2018년 상반기부터 2019년 3분기 사이의 가격은 매수를 고민할 수 있는 가격대다.

강남3구 아파트는 서울의 전체 아파트와 비슷하게 2023년 4분기 연간 상승률 기준 25% 하락이 예상된다. 그리고 이는 2019년 2분기 가격으로의 회귀를 의미한다. 강남3구는 2010년대 후반 가장 먼저 빠르게 상승한 후, 2020년과 2021년 서울 내 다른 구에 비해 상승 폭이 작았기 때문에 비슷한 수준의 하락이라도 강남구의 가격은 서울 전체보다 한 분기 앞선 2019년 2분기 가격으로 돌아간다.

그런데 여기서 2019년 2분기 가격은 2013년 1월 대비 92% 폭등한 가격이며, 2016년 1분기 대비는 57% 상승한 가격이다. 연간 상승률 관점에서 강남3구는 2018년 1분기와 2분기, 3분기에 연속해 2017년 동 분기 대비 25% 이상의 상승률을 보였던 시기도 있었다. 또한 2021년 2분기에도 25%에 근접한 상승률을 보여줬다. 따라서

금리 인상에 따른 강남3구 아파트 가격 시나리오

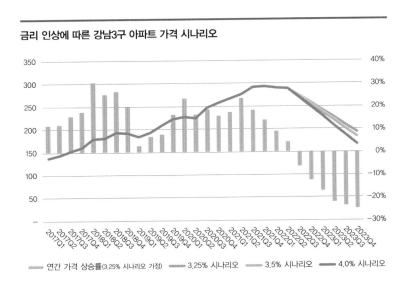

다시 한 번 강조하지만 25% 수준의 상승이 과거에 있었다면 25%대의 하락도 충분히 가능한 시나리오라는 것을 알아야 한다.

노도성은 강남3구 그리고 서울 전체와 비교했을 때, 가장 큰 폭의 가격 하락이 예상된다. 2023년 4분기 연간 상승률 기준으로 30%대의 하락 폭이 나올 수 있다. 노도성 지역은 2020년과 2021년 다른 지역보다 더 높은 상승률을 구가했었다. 전 년도 동 분기에 비해 2020년 3분기 32%, 4분기 35%, 2021년 1분기 38%, 2분기 42% 등 2020년 3분기 이후 대폭등한 이력이 있다. 따라서 최근의 상승 폭을 반납하며 가격이 과거로 회귀할 것으로 보인다.

금리 인상에 따른 노도성 아파트 가격 시나리오

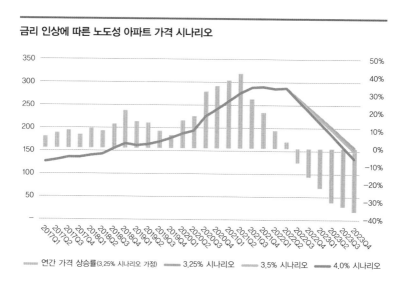

일반적으로 서민층 중심의 저가 주택 지역은 가격 급등락이 나타나지 않는 경향이 있다. 따라서 2020~2021년 유동성 장세로 급등한 서민 주거 지역의 가격은 유동성이 없어지면 그대로 2020년 이전으로 회귀할 것이다. 게다가 더 염려스러운 부분은 서울 전체와 강남3구는 2019년 3분기와 2분기로의 가격 회귀가 예상되나, 노도성은 2018년 하반기로의 회귀가 예상된다는 점이다.

다만 여기서 한 가지 주의할 점은 비록 노도성 지역의 가격이 2018년 하반기 수준으로 하락할 것으로 보인다 하더라도, 6억 원 이하 주택의 물량이 많아지는 경우 가격 지지선이 생겨 실제로 예측치까지 가격이 내려가지 않을 가능성도 있다는 것이다.

6억 원 이하 주택은 한국주택금융공사의 보금자리론 대출이 가능하기 때문에 정책적으로 대출 금리가 시중은행에 비해 저렴하다. 따라서 이런 주택에 실거주 위주의 매매 수요가 붙을 수 있다. 또한 노원구 지역은 현재 리모델링과 재건축 이슈가 있기 때문에 이런 요소 역시 가격방어선 역할을 할 수 있다.

요약하자면 노도성 지역은 이론상 2018년 하반기 수준까지 가격 하락이 예상되나, 리모델링과 재건축 가능성, 또 6억 원 이하 주택에 대한 보금자리론과 같은 정책 변수로 인해 가격 하락 지지선도 존재한다. 따라서 각 단지별 평균 가격대의 흐름과 6억 원 이하 가격으로 내려가는 경우의 매매 거래량 등을 함께 살펴봐야 한다.

시나리오② 2023년 말 기준금리 3.5%

두 번째 시나리오는 기준금리가 2023년 연말까지 지속적으로 상승해 3.5%에 이르는 경우다. 서울 아파트 가격은 2023년 4분기 연간 상승률 기준 30% 하락이 예상된다. 이는 2018년 4분기 수준으로의 회귀다. 강남3구 연간 상승률은 28%의 하락이 예상되며, 가격은 2018년 4분기로 회귀할 것으로 보인다. 노도성 지역은 30% 후반대의 하락이 예상되며, 2018년 중반 가격으로의 회귀가 예상된다.

기준금리 3.5% 시 예상 아파트 가격 연간 상승률(2022년 4분기 대비)

2023년 말 기준금리 3.5%	예상 아파트 가격 연간 상승률	가격 회귀
서울시	−30%	2018년 4분기
강남3구	−28%	2018년 4분기
노도성	−30% 후반	2018년 중반

시나리오③ 2023년 말 기준금리 4.0%

세 번째 시나리오는 최악의 경우로 기준금리가 내년 연말까지 크게 상승해 4.0%에 이르는 경우다. 서울 전체의 아파트 연간 상승률은 2022년 4분기 대비 36% 하락이 예상되며, 가격은 2018년 상반기 수준으로 회귀할 것으로 보인다. 강남3구는 연간 상승률 기준 33%의 하락이 예상되며, 가격은 2018년 상반기로 돌아갈 것으로 예측된다. 노도성 지역은 40% 초반대의 하락이 예상되며 2017년 중반 가격으로 회귀할 것으로 보인다.

기준금리 4.0% 시 예상 아파트 가격 연간 상승률(2022년 4분기 대비)

2023년 말 기준금리 4.0%	예상 아파트 가격 연간 상승률	가격 회귀
서울시	−36%	2018년 상반기
강남3구	−33%	2018년 상반기
노도성	−40% 초반	2017년 중반

- 가격 하락 폭은 강남3구〈서울 전체〈노도성 순으로 예상된다.

- 인플레이션으로 인한 임대료 상승이 아파트 가격의 대폭락을 방지하는 역할이 있지만, 기준금리 인상에 따른 효과는 가격에 즉각 나타날 것이다.

- 매우 큰 하락 폭이 예상되나, 연간 상승률이 30%가 넘었던 과거가 있는 서울 아파트들의 경우, 30% 가격 하락 역시 받아들여야 할 현실이다.

- 가격 하락률보다는 어느 시점까지의 가격으로 회귀할 것인가를 주의 깊게 봐야 한다.

- 서울 전체 아파트는 최악의 경우 2018년 상반기 가격으로, 보편적 시나리오에서는 2019년 3분기 가격으로의 회귀가 예상된다.

- 강남3구 역시 최악의 경우 2018년 상반기 가격, 보편적 시나리오에서는 2019년 2분기 가격으로의 회귀가 예상된다.

- 이는 2019년 2분기 혹은 3분기 가격대가 1차 지지선 역할을 할 가능성을 보여주며, 시장 상황이 악화될 경우 가격이 2018년 상반기 수준까지 내려갈 수 있음을 의미한다.

- 최악의 시나리오에 따른 예측 값이 2018년 상반기 가격을 의미한다면, 역으로 2018년 상반기 가격은 저점대라는 인식이 나올 수 있다.

- 노도성은 이론상 최악의 경우(기준금리 4.0%) 2017년 중반 가격으로 회귀하며, 2018년 하반기 가격으로 회귀할 가능성이 매우 크다. 그럼에도 노도성 지역은 정책 변수로 인해 2018년 하반기 가격과 함께 6억 원 이하 물건이 얼마나 쌓이느냐가 핵심이 될 것이다.

'저평가 아파트' 단지별 가격 예측

모든 분석 방법의 결과를 고려할 때 대다수 서울 아파트 단지에서 20% 수준의 가격 하락이 발생할 가능성이 매우 높다. 다만 단기 조정이 마무리된다 하더라도 기준금리가 3.5%까지 상승하면 가격은 더욱 하락해 2018년 4분기 수준으로 회귀할 수 있다.

어떤 아파트가 가장 많이 떨어졌을까?

지금까지 살펴본 시장 가격 예측은 서울 전체와 강남3구 그리고 노도성 지역을 분석한 것으로 매우 광범위한 지역에 대한 평균 분석이라 할 수 있다. 하지만 대다수의 시장 참여자들은 평균적인 가격 상승률이나 하락률보다는 더 즉각적으로 인지할 수 있는 정보를 원할 것이다. 예를 들어 서울시 강남구 역삼동의 특정 아파트 33평형대 가격이 얼마이며 어느 정도 가격까지 떨어지게 될지 알고 싶을 것이다.

현재와 같이 가격 변동성이 큰 상황에서는 대형 단지에서 어떤 흐름이 일어나고 있는지를 이해하는 것이 매우 중요하다. 특히 서울 소재 3,000세대 이상 아파트 단지의 동일 평형대(33평형 위주)의 가격 흐름은 시장을 이해하는 바로미터가 될 수 있다. 이렇게 아파트 수가 많은 대형 단지는 표본 사이즈가 커 해당 단지가 속한 지역의 평균에 더 근접하기 때문이다. 또한 33평형대는 서울에 존재하는 평형 중 25평과 함께 가장 많은 수의 아파트가 해당하는 유형이며, 4인 가구 기준에 적합한 평형이다. 따라서 앞으로 설명할 단지별 분석은 어느 정도 자본력이 있는 가구의 실제 수요를 반영한다고 볼 수 있다. 서울에는 3,000세대 이상 아파트 단지가 총 34개 있는데 이 중 재개발 직전이거나 최근 거래가 지나치게 없는 단지를 제외한 30개 단지에 대한 현황을 분석했다.

현재 가격 상황을 보기 위해 두 가지 분석을 수행했다.

① 2021년 4분기부터 2022년 9월까지의 동일 평형 최고 거래가격과 2022년 9월 현재 최저 '매도호가'의 차이(즉, 거래된 물건 중 최고가와 매도를 위해 올라온 물건 중 최저가 차이)

② 2021년 4분기부터 2022년 9월까지의 동일 평형 최고 거래가격과 2022년 1월부터 7월까지의 최저 '거래가격'의 차이(즉, 거래된 물건 중 최고가와 최저가 차이)

사실 요즘처럼 거래가 없을 때는 '매도호가'를 자세히 지켜봐야 한다. 많은 사람들이 생각하는 수준 이하로 매도호가가 내려갔음에도 매수세가 붙지 않는다는 것은 시장에서 생각하는 가격대가 매도호가보다도 아래에 있다는 의미다. 물론 같은 아파트 단지여도 동별, 층별 가격이 다르기에 이런 차이를 보정하지 않은 상황에서 매도호가와 이전 최고가를 단순 비교하는 것은 문제라 지적할 수 있다. 하지만 만약 서울에 있는 3,000세대 이상의 모든 단지에서 매도호가와 최고가 사이 상당한 차이가 나타나고 있다면, 이는 개별적인 거래를 넘어 유의미한 패턴이 존재한다는 것을 뜻할 것이다.

실제로 3,000세대 이상 아파트의 '최고가 대비 매도호가의 하락률'을 살펴보자. 송파구 신천장미(1차와 2차) 30평대를 제외한 모든 단지에서 매도호가가 급락한 상황이다. 평균 20% 정도의 하락을 보여주는데 신천장미를 제외하고 가장 작은 차이를 보여주는 단지는

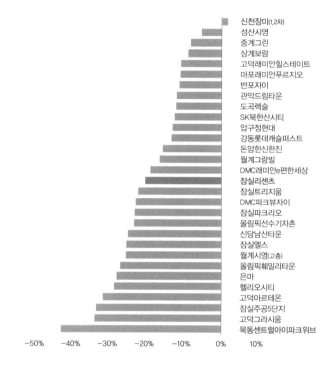

최고가 대비 매도호가 하락률(서울시 3,000세대 이상 아파트 단지)

성산시영이며, 가장 큰 낙폭을 보여주는 아파트는 양천구 신월동 소재의 목동센트럴아이파크위브다. 그리고 가장 평균치에 근접한 아파트는 잠실리센츠이다.

이번에는 2021년 여름 이후의 최고가와 2022년 9월 현재 최저가를 비교해보자. 그래프는 3,000세대 이상 아파트 단지의 '최고가 대비 최저가의 하락률'을 나타낸 것이다. 최고가 대비 매도호가 하락

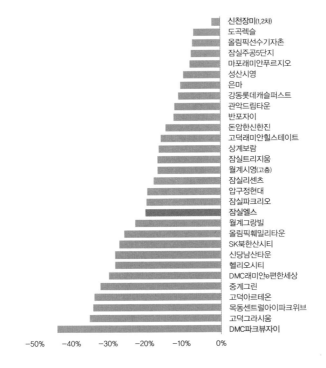

최고가 대비 최저가 하락률(서울시 3,000세대 이상 아파트 단지)

신천장미(1,2차)
도곡렉슬
올림픽선수기자촌
잠실주공5단지
마포래미안푸르지오
성산시영
은마
강동롯데캐슬퍼스트
관악드림타운
반포자이
돈암한신한진
고덕래미안힐스테이트
상계보람
잠실트리지움
월계시영(고층)
잠실리센츠
압구정현대
잠실파크리오
잠실엘스
월계그랑빌
올림픽훼밀리타운
SK북한산시티
신당남산타운
헬리오시티
DMC래미안e편한세상
중계그린
고덕아르테온
목동센트럴아이파크위브
고덕그라시움
DMC파크뷰자이

−50% −40% −30% −20% −10% 0%

률 결과와 마찬가지로 신천장미가 최고가와 최저가 차이가 가장 적다. 본 분석에서 가장 낙폭이 큰 곳은 DMC파크뷰자이다.

이 분석에서도 평균 하락률이 19.6%다. 3,000세대 이상 단지들의 최고가 대비 최저가 하락률 평균이 약 20%인 것인데, 이는 앞선 최고가 대비 매도호가 하락률과 동일한 수준이다. 그리고 이 수치는 놀랍게도 Part4 서두에서 이야기한 단기 조정 하락률 20%와 일치한다. 모든 분석 방법의 결과를 고려할 때 대다수 서울 아파트 단지에서 20% 수준의 가격 하락이 발생할 가능성은 매우 높다.

두 가지 분석에서 가장 하락률이 적은 상위 10개 단지를 비교했을 때, 공통적으로 순위에 오른 아파트 단지는 다음 6곳이다.

송파구 신천장미(1차, 2차)
마포구 성산시영
마포구 마포래미안푸르지오
서초구 반포자이
관악구 관악드림타운
강남구 도곡렉슬

반대로 가장 하락률이 큰 아파트 단지는 아래와 같다.

중구 신당남산타운
송파구 올림픽훼밀리타운
송파구 헬리오시티
강동구 고덕아르테온
강동구 고덕그라시움
양천구 목동센트럴아이파크위브

2022년 9월 현재, 최고가 대비 하락률 분석을 통해 다음의 인사이트를 얻을 수 있다.

첫째, 강남3구 중 송파구는 강남구, 서초구와 다른 패턴을 보인다. 강남구의 대표 아파트 단지인 도곡렉슬과 서초구 반포자이의 하락률은 (매도호가 기준으로) 10% 전후이다. 그런데 송파구의 헬리오시티와 올림픽훼밀리타운은 30%에 가까운 급락세를 보이고 있다.

송파구는 오히려 강동구와 동조화된 모습을 보인다. 강동구의 대표 단지인 고덕아르테온과 고덕그라시움의 하락률 역시 30%대를 기록하고 있기 때문이다. 송파구 신천동의 장미아파트 같은 경우 가장 하락률이 낮은 단지이나, 장미아파트는 재건축 이슈로 말미암은 기대감이 가격에 담겨 있어 예외적이라 봐야 한다.

둘째, 재건축 이슈보다는 지역별 차이가 하락률에 더 크게 작용하는 것으로 보인다. 신천장미와 성산시영과 같이 재건축 이슈가 있는 단지의 하락률이 작은 것은 사실이다. 하지만 재건축·리모델링 이슈가 있어도 남산타운과 올림픽훼밀리타운은 하락률이 매우 크다. 재건축 이슈보다 지역별 차이가 하락률에 더 결정적이라 볼 수 있다. 강남구와 서초구, 마포구 등이 상대적으로 하락률이 낮은 반면, 송파구와 강동구는 반대 상황이다.

셋째, 지역별 하락률의 차이가 매우 크다. 20% 이상 하락을 경험한 지역 중에는 30%대 하락률을 보이는 단지들까지도 존재한다. 이는 Part4 앞쪽에서 언급한 단기 조정(20% 하락)을 이미 겪은 곳들이다. 여기서 주의해야 할 부분은 이 단지들에 추가적인 장기 가격 조정(30% 이상 하락)이 올 것이라 예단하는 것은 위험하다는 것이다. 빠르게 단기 조정을 거쳤다면 향후 하락률이 다른 지역보다 적을 가능성 또한 존재한다. 결국 시간을 두고 지역별 가격 하락률이 어떻게 수렴하는지 지켜봐야 한다.

마찬가지로 단기 조정 하락률보다 적게 하락한 단지와 지역이 앞으로 덜 하락할 것이라는 해석 역시 위험하다. 오히려 이런 지역이 장기적으로 더 하락할 가능성이 있다. 이는 2020년에 앞서서 급등한 강남구가 2021년에는 당해 상승률이 노원구보다 낮았던 것에서도 알 수 있다. 결국 2020년과 2021년의 2년간 누적 상승률에서 강남구와 노원구가 큰 차이가 없었다면 2020년 상승한 지역과 2021년 상승한 지역이 달랐을 뿐이다. 마찬가지로 현재의 하락률이 큰 지역이 향후 더욱 하락할지 아니면 덜 하락할지는 지켜봐야 할 문제다. 하지만 반대로 이미 단기 조정이 일어난 곳은 나중에 하락세가 덜 할 수도 있다는 점에 유념하자.

- 단기 조정(20% 하락)은 이미 나타나고 있고, 모든 단지들이 경험할 조정이다.
- 지역별 장기 조정은 하락률보다는 과거 어느 시점의 가격까지 내려갈 것이냐가 더 중요하다. 즉, 어느 시기의 과거로 회귀하느냐의 문제다.
- 가격이 과거로 회귀한다고 하더라도 만약 해당 지역의 소득이 충분히 상승한 상황이라면 예상 가격으로 회귀하기 전 매수세가 붙을 수 있다. 그러면 소득 대비 적정한 가격대와 과거 시기 가격대를 비교해야 한다.

주요 아파트 단지별 가격 예측

앞선 분석에서 살펴본 하락율이 적은 상위 6개 단지와 하락율이 큰 하위 6개 단지가 속한 구는 강남구, 서초구, 마포구, 관악구, 송파구, 강동구, 중구, 양천구 등이다. 이 중 각 구의 상황을 대변하면서 2010년대 초반부터 거래량이 존재하는 단지를 뽑아 현황과 향후 가격 패턴을 살펴보려 한다. 자세히 알아볼 단지들은 아래의 4곳이다.

① 도곡렉슬(강남구)
② 관악드림타운(관악구)

③올림픽훼밀리타운(송파구)

④남산타운(중구)

①도곡렉슬(강남구)

Part2의 대장 단지 분석에서 살펴봤듯 2006년 도곡렉슬 33평형은 15억 원에 거래된 경우가 있었다. 2000년대 도곡렉슬 아파트 최고가였다. 그리고 다시 15억 원대에 거래가 성사된 시기는 그로부터 11년 후인 2017년 4분기였다. 다시 한 번 강조하지만 '강남불패'

강남구 도곡렉슬 33평형대 가격 추이(2006~2022년)

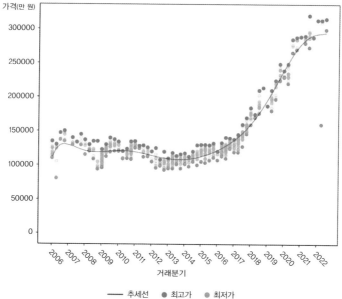

는 대표적인 가짜뉴스이며 잘못된 믿음에 불과하다. 부동산은 상승과 하락의 사이클이 있는 시장이다. 고가 주택의 가격은 서민 주택에 비해 변동성이 심하다. 따라서 가파르게 상승했다면 내려가는 양상도 가파를 수 있다.

그런데 현재, 예외적으로 고가 주택의 가격이 상대적으로 덜 하락하는 현상이 나타나고 있다. 15억 원 이상 아파트는 대부분 현금으로 구매해야 하는 제도적 환경 때문이다. 거래량 급감으로 인해 실제로 거래된 가격은 알 수 없으나, 도곡렉슬은 전 고가와 2022년 8월 매도호가를 비교하면 가격이 12% 정도 하락한 상황이다. 따라서 아직 단기 조정(20% 하락)은 오지 않았다고 볼 수 있지만 현재의 경기 흐름과 이자율 상승 추이를 볼 때 2022년 안에 단기 조정이 일어날 가능성이 크다.

다만 단기 조정이 마무리된다 하더라도 기준금리가 3.5%까지 상승하면 가격은 더욱 하락해 2018년 4분기 수준으로 회귀할 수 있다. 도곡렉슬은 2018년 4분기에 대략 21억 원대에 거래되었는데, 이 가격으로 돌아갈 가능성이 있는 것이다.

2020년 코로나로 인해 시장에 유동성이 많이 풀렸고 이로 인한 버블이 모든 자산에 끼게 됐다. 2022년 10월 현재 기준금리는 3.0%로 모든 자산들의 가치가 하락하고 있다. 우리는 우선 유동성 버블이 일어나기 전인 '코로나 시작 전' 2019년 4분기 가격을 인지하는 것에서부터 첫발을 떼야 한다.

2019년 4분기에 도곡렉슬 33평형은 13건 거래되었다. 가격대는 22억 5,000만 원부터 24억 9,000만 원까지로 2019년 4분기 평균 가격은 23억 5,000만 원이다. 그렇다면 앞으로 23억 5,000만 원까지의 가격 하락은 어쩌면 유동성 버블 제거로 인한 당연한 수순일 수 있다. 앞서 언급한 2018년 4분기 가격(21억 원)은 2019년 4분기(23억 5,000만 원)의 약 89% 수준에 불과하다. 즉 코로나 이후 상승분을 반납하고 11% 정도 하락한 것이다.

부동산 PLUS

- 도곡렉슬은 2022년 8월 현재 단기 조정을 경험하지는 못했다.
- 그럼에도 자산 버블 발생 전인 2019년 4분기 가격(평균 23억 5,000만 원)으로의 회귀는 당연하다.
- 기준금리가 3.5%까지 오르는 경우, 장기적으로 21억 원대 가격이 형성될 것이다. 그리고 이는 2019년 4분기 가격 대비 89% 수준이다.

②관악드림타운(관악구)

관악구의 대장 아파트라 할 수 있는 관악드림타운은 전 고가 대비 매도호가가 12% 하락했다. 전 고가 대비 최저가 하락률도 12% 정도다. 강남구의 도곡렉슬과 비슷하게 아직 단기 조정(20% 하락)을 경험하지 않은 상황이다.

관악드림타운에도 서울 전체 아파트와 비슷한 하락 시나리오가 일어난다고 보면, 2018년 4분기 가격으로의 회귀가 예상된다. 당시 가격은 대략 6억 4,000만 원대였다. 그리고 코로나 이전인 2019년 4분기에 이루어진 43건의 거래를 보면 당시 가격은 최저 6억 원, 최고 7억 2,000만 원, 평균 6억 7,000만 원이었다.

관악드림타운의 가격 상승률을 도곡렉슬과 비교하면 2018년과

관악구 관악드림타운 33평형대 가격 추이(2006~2022년)

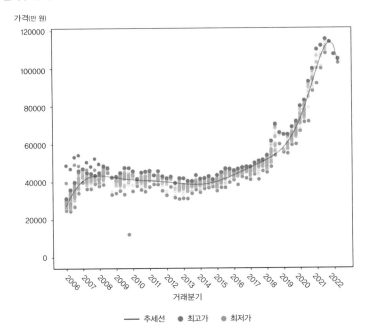

2019년 상승률은 관악드림타운이 낮았으나 2020년과 2021년 상승률은 월등히 높았다. 2019년 4분기 평균가격과 2021년 최고가의 단순 평균을 비교해보면 도곡렉슬은 23억 5,000만 원(2019년 4분기)에서 32억 원(2021년 9월)으로 36% 상승했으나, 관악드림타운은 6억 7,000만 원(2019년 4분기)에서 11억 5,000만 원(2021년 9월)으로 71% 상승했다. 하지만 이처럼 유동성이 크게 공급되며 가격이 급등한 곳은 서민 아파트 단지일지라도 그만큼의 급락 역시 가능하다.

부동산 PLUS ⊕

- 관악드림타운은 2022년 8월 현재 단기 조정을 경험하지는 못했다.
- 관악드림타운은 2020년과 2021년 강남구 대장 단지인 도곡렉슬의 상승률을 크게 넘어섰다. 따라서 자산 버블 발생 전인 2019년 4분기 가격으로의 회귀는 당연하며 하락률이 상당할 수 있다.
- 기준금리가 3.5%까지 오르는 경우 장기적으로 6억 4,000만 원대 가격이 형성될 것이다.
- 다만 주택담보대출 이자율이 5%가 되더라도 서울 전체의 적정 주택가격은 7억 1,400만 원으로 관악드림타운의 2019년 4분기 가격(평균 6억 7,000만 원)과 장기 예상 가격(6억 4,000만 원)보다 높은 수준이다. 따라서 모형의 결과가 아무리 6억 4,000~6억 7,000만 원대를 예상한다고 하더라도 실제로 이 가격까지 하락하지 않을 수 있다.
- 서울시 4인가구 소득 수준과 이자율(최악의 시나리오 가정)을 고려할 때 7억 원 이하로 가격이 내려가는 순간 매수세가 붙을 수 있다. 따라서 관악드림타운은 7억 원 이하로 떨어지느냐 혹은 이때 매수세가 붙으면서 7억 원 선을 방어할 것이냐가 관건이 될 것이다.

③ 남산타운(중구)

남산타운은 임대아파트를 포함해 5,000세대가 넘는 매머드급 아파트 단지다. 현재 전 고가(15억 9,000만 원, 2022년 4월) 대비 매도호가는 25%, 전 고가 대비 최저가는 28% 하락한 상황으로 단기 조정(20% 하락) 이상으로 하락세가 이어지고 있다. 단기 조정이 마무리된 상황에서 장기 조정 국면으로 진입한 것이다.

2019년 4분기에 일어난 27건의 거래를 보면, 남산타운 33평형대

중구 남산타운 33평형대 가격 추이(2006~2022년)

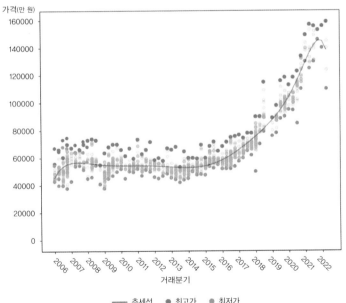

의 가격은 최저 9억 원, 최고 11억 8,000만 원, 평균 10억 1,000만 원이었다. 그리고 2018년 4분기에는(당시 거래량이 없었던 관계로 2018년 9월 가격을 준거로 잡았다) 대략 10억 원대였다.

즉, 남산타운은 2018년 3분기 10억 원을 찍은 후, 2019년 상반기 가격이 8억 원대로 내려가고 2019년 4분기 대량 거래가 터지면서 10억 원대로 안착한 경우다. 코로나 시작 전인 2019년 4분기와 기준금리 3.5% 시나리오의 준거 시기인 2018년 4분기의 가격대가 10억 원인 만큼 남산타운은 10억 원이라는 가격이 매우 중요한 기준이 될 것으로 보인다. 참고로 남산타운 33평대의 2022년 상반기 거래를 보면, 2022년 4월 11억 원 그리고 2022년 6월 12억 4,000만 원에 거래된 경우가 있었다. 이는 사실 준거 가격인 10억 원과 큰 차이가 나지 않는 금액이다.

부동산 PLUS

- 남산타운은 2022년 8월 현재, 단기 조정을 이미 경험했고 장기 조정으로 들어간 상황이다.
- 2018년 4분기와 2019년 4분기의 가격은 시기가 다름에도 모두 대략 10억 원이다.
- 최고가 대비 하락이 빠르게 진행되고 있으며, 2022년 최저가인 11억 원에 거래된 케이스가 벌써 나타났다.
- 남산타운은 이미 심각한 하락을 경험했기 때문에 다른 아파트 단지에 비해 2023년 하락 폭이 작을 수 있다.

④ 올림픽훼밀리타운(송파구)

송파구 소재 올림픽훼밀리타운은 4,500세대 규모로 가락시장 남쪽에 위치한다. 중구의 남산타운과 마찬가지로 단기 조정 이상의 하락을 경험하고 있으며, 2022년 거래량(1~8월)이 5건에 불과할 만큼 상황이 좋지 않다.

현재 전 고가(21억 원, 2021년 9월) 대비 매도호가는 27% 그리고 전고가 대비 최저가는 26% 내려가 단기 조정(20% 하락) 이상으로 하락세가 이어지고 있다. 즉, 단기 조정이 마무리되고 장기 조정 국면

송파구 올림픽훼밀리타운 33평형 가격 추이(2006~2022년)

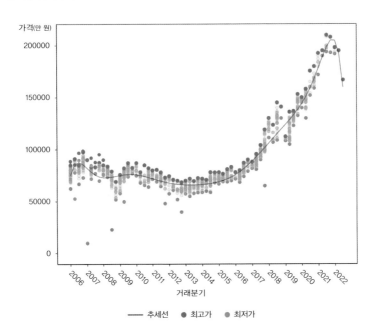

으로 진입한 것이다.

2019년 4분기 당시 상황을 보면 올림픽훼밀리타운 33평형대의 총 거래량은 25건이었고, 가격은 최저가 13억 원, 최고가 15억 3,000만 원, 평균 14억 3,000만 원이었다. 2018년 4분기 가격은 대략 13억 원 후반대였다. 현재 단기 조정을 경험한 올림픽훼밀리타운은 중구의 남산타운과 마찬가지로 2018년 4분기와 2019년 4분기 가격대가 매우 비슷한 수준이다.

2022년 8월에 16억 7,000만 원에 거래된 케이스가 나왔는데, 이는 2021년 9월 최고가 21억 원에 비해 상당히 하락한 가격이다. 위기가

부동산 PLUS ⊕

- 올림픽훼밀리타운은 2022년 8월 현재 단기 조정을 이미 경험했고 장기 조정으로 진입한 상황이다.
- 2019년 4분기와 2018년 4분기, 13억 원대 후반에서 14억 원대 초반 사이 가격대를 형성했다.
- 2022년 최고가 대비 하락이 빠르게 진행되고 있으며, 2022년 최저가인 16억 7,000만 원(전고가 21억 원 대비 26% 하락)에 거래된 케이스가 벌써 나타났다.
- 올림픽훼밀리타운은 이미 심각한 하락 폭을 경험했기에, 다른 아파트 단지에 비해 2023년에 경험할 하락 폭이 작을 수 있다. 15억 원 이하로 하락하는 경우 주택담보대출이 가능해져 15억 원이 1차 지지선 역할을 할지 모른다. 15억 원 이하로 하락하는지 여부와 하락 시 14억 원 이하로 떨어질지가 관건이 될 것이다.

시작 단계인 지금도 이 정도 가격에 거래가 된다는 것은 앞으로 올림픽훼밀리타운이 2018년 4분기와 2019년 4분기 가격대인 13억 원대 후반에서 14억 원대 초반으로 자연스럽게 회귀할 가능성을 보여준다.

내 소득에 맞는 주택은 얼마일까?

지금까지 서울 아파트 단지의 2023년 가격 예측치를 살펴봤다. 이들 아파트 단지의 가격 하락이 예상되기는 해도 낮아진 가격의 주택이 내 소득에 맞는 적정 주택인지는 별개의 문제일 것이다. 그래서 지금부터는 자신의 소득에 맞는 적정 주택 가격을 계산하는 방법을 소개하려 한다. 계산에 필요한 가정은 아래와 같다.

-연소득의 40%를 주택비용으로 사용한다고 가정한다.
-주택비용이 30년 만기 모기지 원리금 지급액과 같다 가정하고 주택담보대출 이자율별(3%, 4%, 5%) 적정 주택 가격을 계산한다.

서울시 자료에 의하면 2021년 기준 서울에는 4인가구가 대략 60만 가구 존재한다(여기서는 전체 가구가 아니라 4인가구를 기준으로 했다). 그리고 이들의 연평균 소득은 1억 1,500만 원 정도다. 강남3구의 평균은 1억 5,500만 원이며 노도성은 9,900만 원이다. 이 자료를 토대로 적정 주택 가격을 계산해보겠다.

평균적인 소득을 얻는 서울의 4인가구가 매년 주택 관련 비용에 사용할 수 있는 최대치는 연소득 1억 1,500만 원의 40%인 4,600만 원이다. 30년 만기 원리금 균등상환 상품 가입 시, 각 이자율별 적정 주택 가격은 다음의 표와 같다.

서울시 4인가구의 주택담보대출 이자율별 적정 주택 가격 예시

주택담보대출 이자율	적정 주택 가격
3%	9억 900만 원
4%	8억 300만 원
5%	7억 1,400만 원

이자율이 3%에서 4%로 1%p 인상되는 경우, 연소득 1억 1,500만 원의 4인가구에게 9억 900만 원 주택은 소득의 40% 범위를 넘어선 비용을 부담해야 하는 집이 된다. 따라서 더 낮은 가격의 주택을 구하게 되는데, 이들이 살 수 있는 주택 가격의 최대치는 8억 300만 원이다. 이는 이전보다 13% 정도 낮은 가격대의 주택이다. 3%에서 4%로 1%p 정도의 이자율 상승은 수치상 매우 작게 느껴질 수 있으나, 주택 가격에 미치는 영향은 꽤 크다. 1%p의 주택담보대출 이자율 상승만으로도 적정 주택 가격이 약 13% 낮아질 수 있는 것이다.

여기서 1%p 더, 이자율이 4%에서 5%로 인상되는 경우 더 이상 8억 원대 아파트는 이들에게 적정한 가격대의 주택이 아니다. 이들이 구매 가능한 주택은 7억 1,400만 원 이하다. 적정 주택 가격이 또 한 번 약 12.4% 정도 낮아진다.

이러한 계산은 원리금 균등상환 방식을 따른 것인데, 이자율 변화에 따라 선형으로 가격이 변화하지 않는다. 따라서 특정 이자율에서 같은 비중(1%p 등)이 상승한다고 동일한 비율대로 가격이 움직이지는 않는다.

이번에는 강남3구 4인가구의 적정 주택 가격을 계산해보자. 매년 주택 관련 비용에 사용할 수 있는 최대치는 연소득 1억 5500만 원의 40%, 즉 6,200만 원이다. 30년 만기 원리금 균등상환 상품 가입 시 각 이자율별 적정 주택 가격은 아래 표와 같다.

강남3구 4인가구의 주택담보대출 이자율별 적정 주택 가격 예시

주택담보대출 이자율	적정 주택 가격
3%	12억 2,000만 원
4%	10억 8,000만 원
5%	9억 6,000만 원

여기서 주의할 부분이 있다. 강남3구의 4인가구 연소득은 1억 5,500만 원으로 일반 서민 가구에 비해 월등히 높으나, 양극화가 빠르게 진행되면서 슈퍼리치가 많아지는 것도 하나의 트렌드라는 점이다. 즉, 강남3구와 같은 고가 주택 시장에서의 적정 주택 가격은

위에서 계산된 값 이상으로 높을 가능성이 크다.

그렇다면 노도성 지역은 어떨까? 노도성 4인가구가 매년 주택 관련 비용에 사용할 수 있는 최대치는 연소득 9,900만 원의 40%, 즉 3,960만 원이다. 30년 만기 원리금 균등상환 상품 가입 시 각 이자율별 적정 주택 가격은 다음의 표와 같다.

노도성 4인가구의 주택담보대출 이자율별 적정 주택 가격 예시

주택담보대출 이자율	적정 주택 가격
3%	7억 8,000만 원
4%	6억 9,000만 원
5%	6억 1,000만 원

노도성 지역의 4인가구 연소득(9,900만 원)은 서울 평균(1억 1,500만 원)의 약 86% 수준이다. 따라서 이 지역의 적정 주택 가격 역시 서울 적정 주택 가격의 86% 수준이다. 따라서 이자율 3% 상황에서는 노도성의 적정 주택 가격이 서울 적정 주택 가격인 9억 900만 원의 약 86%, 즉 7억 8,000만 원이 되는 것이다.

다만 이 지역에 대해서도 알아둬야 할 점이 있다. 노도성 지역 아파트는 단순히 노도성 거주자들에게만 열린 폐쇄적인 시장이 아니라는 사실이다. 서울 전체 시장 참여자들도 노도성 아파트 매수에 참여할 수 있다. 특히 금융 및 대출 조건 등의 영향으로 노도성이 매력적으로 보이는 순간 이 지역에 참여자가 몰릴 수 있다. 우리는 이런 상황을 2020년 임대차 3법 시행 이후에 경험했다. 당시 서울 전세가격이 폭등하면서 높아진 전세 대신 주택 매수를 결정한 사람들이 한국주택금융공사의 모기지 대출이 가능한 노원구 지역의 아파트로 몰렸다. 아파트의 90% 이상이 6억 원 이하인 노원구 아파트 시장이 매력적인 투자처로 떠오른 것이다.

　그런데 주택담보 이자율이 5%까지 상승하는 경우, 노도성의 적정 주택 가격은 6억 1,000만 원으로 6억 원 근방으로 내려가게 된다. 만약 5% 이상으로 이자율이 올라간다면 노도성의 적정 주택 가격은 6억 원 이하가 될 것이고, 이 경우 대출 조건이 좋은 한국주택금융공사의 보금자리론을 통한 매수가 가능해져 상대적으로 매수세가 몰릴 수 있다. 즉 노도성 지역의 아파트는 이자율이 5% 이상으로 상승하는 경우 주목 받을 가능성이 농후하다.

원리금 균등상환 이자 계산기

"올해 서울 아파트 거래량 1·2위는 노원·구로…
57% '6억 이하' 몰렸다"

강력한 대출 규제와 연이은 금리 인상으로 실수요자들의 주택 매수 부담이 나날이 커지는 가운데 올해 서울 아파트 매수세는 중저가 아파트에 집중된 것으로 나타났다. 올해 서울 아파트 거래량 1, 2위는 비교적 집값이 저렴한 노원 · 구로구로, 매수자 중 57%가 6억 원 이하 아파트로 몰렸다. (중략)

중저가, 서울에선 저가 수준에 속하는 6억 원 이하 아파트에 매수세가 쏠린 것은 대출 규제 때문이라는 것이 업계 판단이다. 금융 당국이 주택담보인정비율(LTV)과 총부채원리금상환비율(DSR) 규제로 대출을 옥죈 상태에서 사실상 6억 원 이하 주택에만 규제 예외를 두면서다.

대표적인 서민 주택담보대출로 불리는 보금자리론은 6억 원 이하 주택에 대해 집값의 최대 70%까지 대출이 가능하고 DSR 규제도 적용되지 않는다. 서울에선 15억 원 초과는 대출이 막히고 그 이하는 20~60%만 가능한 상황이다. 여기에 연이은 금리 인상으로 주택담보대출 최고 금리가 연 7%에 육박하며 부담이 가중되고 있다.

불황이 두렵지 않은
'핫 플레이스'
TOP 7

2023년 '황금상권'에 주목해야 하는 이유

주거 부동산은 투자재로서 가치를 지닌 자산일 뿐만 아니라 주거 환경 등 삶의 행복도와도 연관되는 존재다. 상업 부동산 역시 가치가 내재된 투자 대상인 동시에 그 자체로 상업 활동의 성패를 좌우하는 '콘텐츠'이기도 하다. 상권 속 부동산의 '입지'는 그래서 중요하다.

'입지'란 인간이 경제활동을 하기 위해 선택하는 장소다. 상권에 있어 일반적으로 좋은 입지란 교통 접근성, 유동 인구, 지역경제(산업), 역사문화적 자원 등의 조건이 필요하다. 이런 조건들을 많이 갖추고 있으면서 공간 속 차별적 콘텐츠로 사람들을 끌어들일 수 있는 장소들이 모이면 그곳이 상권으로 발달한다. 성공적인 상권은 인근 상권과 연결돼 확장되기도 하며 다른 상권을 견인하기도 한다. 상권의 유기적인 흐름을 이해하는 것은 앞으로 발전할 상권을 예상하는 데에도 도움이 된다.

이번 책에서는 입지적 장점을 두루 갖췄으며 실제로 트렌드 선도자인 MZ세대들이 적극적으로 방문해 활동 중인 7곳을 선정했다. 상권 트렌드는 계속 변화한다. 2023년에 기대되는 곳들은 대중교통(지하철 2, 3, 6호선) 접근성이 높고, 지역들이 연결 및 확장되고 있으며, 침체됐던 과거 상권이 재조명받고 있다는 특징이 있다. 특히 필자가 유심히 보고 있는 '을왕성' 벨트는 이러한 조건들을 두루 갖춘 데다 역사적 콘텐츠까지 있다는 점에서 기대가 큰 곳이다.

요즘처럼 경제 전반과 부동산 시장이 침체되었을 때는 더욱 단단한 입지와 수요층으로 무장한 상권이 필요하다. 가격의 등락에 대한 접근에서 한층 시야를 넓혀야 할 때다. 그래서 Part5에서는 가격 데이터가 아닌 F&B 창폐업 데이터와 MZ세대 팬덤 브랜드 입지 분석을 통해 정량적 분석과 정성적 분석을 종합했다. 또한 현장의 부동산 전문가들의 목소리를 더해 더욱 생생한 정보를 전한다.

그럼 지금부터 2023년에 가장 주목해야 할 핫 플레이스를 만나보자. 새로운 핫 플레이스를 소개하기 전, 지난 《부동산 트렌드 2022》에서 선정한 핫 플레이스 5곳의 근황도 알아보도록 하겠다. 그 지역들은 정말 많은 이들에게 사랑받고 발전했을까?

2022년
핫 플레이스의 근황

대통령 집무실이 용산(삼각지역) 주변으로 이전하면서 일명 '용와대(용산에 있는 청와대) 효과'로 용산·효창 지역이 큰 주목을 받고 있다. 2022년 들어 서울 부동산 전반의 가격이 정체 및 하락으로 반전한 상황에 용산구의 아파트와 토지 가격은 2022년 5월까지 상승하는(최소한 하락하지 않은) 상태였다.

을지·충무_MZ세대의 주거복합타운으로 변신하다

을지로와 충무로 일대를 아우르는 '세운지구 재개발 사업'이 속도를 내면서 대규모 오피스텔 공급이 이루어지고 있다. 오랫동안 도심 내 대표적인 낙후 지역이었던 세운재정비촉진지구에는 1~2인 가구를 대상으로 하는 주거복합시설(세운푸르지오헤리시티, 세운푸르지오더보타닉, 브릴란테남산, 버밀리언남산, 힐스테이트남산 등)이 들어서고 있다. 이로써 좁은 골목과 저층 노후 상가가 밀집한 세운재정비촉진지구 일대는 1~2인 가구, 특히 MZ세대가 거주하는 3,700여 세대 규모의 새로운 주거복합타운으로 거듭날 것으로 예상된다.[11]

중구 일대 아파트 공급 예정 물량(2023~2024년). 아파트를 제외한 오피스텔 공급 물량은 약 2,000여 세대로 2024년까지 총 3,700여 세대의 공급이 을지로 일대에 이루어질 것으로 예상된다. 　　　　　　　　　　　　　　　　　　　　　출처_분양물량조사

위치	단지명	입주연월	총세대수 (1,918세대)
서울 중구 묵정동	힐스테이트남산(도시형)	2024년 1월	282세대
서울 중구 입정동	힐스테이트세운센트럴1단지(도시형)	2023년 2월	208세대
서울 중구 입정동	힐스테이트세운센트럴2단지(도시형)	2023년 2월	279세대
서울 중구 입정동	힐스테이트세운센트럴1단지(주상복합)	2023년 2월	206세대
서울 중구 입정동	힐스테이트세운센트럴2단지(주상복합)	2023년 2월	329세대
서울 중구 인현동	세운푸르지오헤리시티(도시형)	2023년 1월	293세대
서울 중구 인현동	세운푸르지오헤리시티	2023년 1월	321세대

종로·중구 업무지구(CBD, Central Business District, 서울 도심 권역)와의 접근성으로 인해 을지·충무 권역의 MZ세대는 상대적으로 소득이 많은 전문직 비율이 높을 것으로 예상되며, 이들은 이 지역 곳곳에 새로운 영향을 미칠 것으로 보인다. 그러면 지금과는 완전히 다른 차원의 상권이 형성될 것이다.

다만 이곳 상권에 아쉬운 점도 있다. 현재 '을지면옥', '을지OB베어' 등 을지로 세운상가 일대에서 40여 년간 장사하며 지역의 정체성을 만들어온 핵심 상점들이 재개발과 젠트리피케이션gentrification(낙후됐던 구도심이 번성해 중산층 이상의 사람들이 몰리면서 임대료가 오르고 원주민이 내몰리는 현상)으로 인해 폐업하거나 철거된 상태다. 특히 '을지OB베어'는 처음으로 노가리를 안주로 올려 을지로 노가리골목의 맥주 문화를 만들어낸 가게지만, 2022년 4월 21일 강제철거되었다. 새롭게 발돋움하는 문화상권에 기여한 주체에 대한 보호책 등이 아쉬운 상황이다.

성수동_유명 브랜드가 사랑하는 상권

도심 내 준공업지역인 성수동은 소셜벤처 타운으로 자리매김하면서 소셜벤처와 사회적기업 등이 지속적으로 입주하고 있으며, 이들에게 자본을 투자하는 금융투자회사들도 함께 성장하고 있다. 또한

과거 을지면옥과 을지OB베어　　　　　　　　출처_〈한국경제〉(상), 〈서울경제〉(하)

현재 성수동은 소셜벤처 타운을 넘어 대기업 사옥과 글로벌 브랜드의 플래그십스토어가 속속 입지하고 있다. SM엔터테인먼트와 클리오 본사가 위치한 데다 2023년까지 무신사, 젠틀몬스터, 크래프톤 등이 입주 예정이다. 성수동이 대기업이 입지할 만한 업무환경을 제공하기 시작한 것이다.

에르메스Hermès, 루이비통Louis Vuitton, 샤넬CHANEL(이하 에루샤) 등의 명품 브랜드들은 팝업스토어나 플래그십스토어 형태로 성수동에 진출하고 있다. 과거 에루샤는 갤러리아나 신세계 같은 고급 백화점이나 동대문디자인플라자(DDP) 같은 랜드마크 건물에서 브랜드 전시

성수동 일대에 입주했거나 사옥을 짓고 있는 기업 현황(2022년)

행사를 진행했다. 따라서 불과 몇 년 전까지만 해도 공장이 몰려 있던 서민 밀집 지역에 고가 브랜드가 진출하는 지금 현상은 놀랍다. 성수동은 단순히 뜨는 동네를 넘어서 명품의 브랜드 이미지를 돋보이게 하는 단계로 성장한 것이다.

거대 자본이 유입되고 있는 성수동은 주거-업무-문화-상업(하이엔드 상업 포함)까지 아우르는 거대한 주 7일 상권으로 성장 중이다. 성수동은 코로나 기간 중에도 공실률 1%대를 유지하며 핫 플레이스로서 승승장구하고 있다.[12]

디올 성수 플래그십스토어 　　　　　　　　　　　　출처_디올 홈페이지

에르메스 성수 스토어

출처_에르메스 홈페이지

루이비통 성수 팝업스토어

출처_루이비통 홈페이지

양재천_탄탄한 주거 배후지를 갖춘 카페거리

도곡동의 타워팰리스 서쪽에 위치한 양재천길 상권(일명 '양재천 카페거리')은 대형 프랜차이즈 브랜드가 많지 않은 가운데, 특색 있고 차별적인 가게들이 들어와 독특한 문화를 형성하고 있다. 주변에 비해 상대적으로 임대료가 저렴한 데다 인근에 서초문화예술회관, 예술의전당이 있어 많은 예술 애호가들이 몰리기도 한다.[13]

사실 양재천길은 2010년대 초반 상권화를 시도했으나 실패에 그쳤었다. 변화는 2020년 이후 시작되었다. 인근 개포동 일대가 재개발로 인해 고급 아파트 단지로 변하면서 중산층 이상 계층의 수요가 몰렸고, 이것이 상권 형성의 기폭제가 되었다. 양재천을 따라 동

양재천 인근 주거 세대. 도곡동, 개포동, 대치동의 수요를 합치면 약 4만 세대에 육박하는 배후 수요를 가진 상권이다. 출처_아실

측으로 3킬로미터 이내에는 강남 최대 규모의 재건축 타운인 개포주공단지가 있다. 또한 도곡동, 대치동, 개포동을 합쳐 4만여 세대의 주거 배후지가 형성돼 있다. 앞으로 양재천 상권이 강남구 테헤란로이남에서 가장 특색 있는 상권으로 발돋움할 가능성이 큰 이유다.

용산·효창_대통령 집무실 이전으로 들썩이다

대통령 집무실이 용산(삼각지역 주변)으로 이전하면서 일명 '용와대(용산에 있는 청와대) 효과'로 용산·효창 지역이 큰 주목을 받고 있다. 2022년 들어 서울 부동산 전반의 가격이 정체 및 하락으로 반전한 상황에, 용산구의 아파트와 토지 가격은 2022년 5월까지 상승하는(최소한 하락하지 않은) 상태였다.

용산 대통령 집무실은 주변 토지 시장을 자극할 것으로 예상된다. 대통령 수석실과 연계된 업무들이 많고 다양한 회의가 이루어지는 만큼, 주변 오피스 사무실 수요가 증가할 것이기 때문이다. 따라서 삼각지역부터 KTX가 다니는 용산역까지 개발 압력이 거세지며 이 지역이 오피스 타운으로 성장할 가능성이 있다. 또한 이곳이 규모가 큰 오피스 타운으로 발전하는 경우, 주변 지역 상권의 성장 역시 자연히 이뤄질 것이다. 이미 다양하고 아기자기한 F&B 시설이 있는 삼각지역 주변이 더욱 활성화될 것이며, 6호선 지하철로 한 정거장 거리에서부터 시작되는 이태원 상권(녹사평역-이태원역-한강진역)이

새롭게 부흥할 가능성이 크다.

　또한 KTX 용산역에서 한강변 서부이촌동 아파트 사이에 위치한 52만평의 용산철도정비창 부지(정비창 부지)는 서울에 마지막으로 남은 초대형 부지로 10년 만에 개발이 재개되었다.[14] 이 부지는 여의도의 2배 이상 면적으로 서울 도심 한복판에 남은 마지막 금싸라기 땅인데, 10년 이상 방치되었다가 '용와대 효과'로 다시 개발의 불씨가 되살아나는 중이다. 용산 정비창 부지 일대는 대형 오피스와 주거지가 혼합된 한국의 허드슨 야드 Hudson Yards(뉴욕 맨해튼의 재개발 복합단지 사업으로 해당 부지는 과거에 대규모 철도 차량기지였다) 식의 개발이 예상되고 있다.

이 외에도 최근 용리단길과 은행나무길을 중심으로 형성되고 있는 용산의 에스프레소 바 클러스터는 많은 MZ세대를 끌어들이고 있다. 의자가 없는 스탠딩 바에서 에스프레소를 마실 수 있는 이러한 곳들은 바쁜 일상 속에서 잠깐의 여유를 즐길 수 있고, 일과 후 가볍게 술 한잔하러 들르는 공간으로 꾸며졌다. 이국적인 문화로 인

용산의 에스프레소 바 '에테르누스'　　　　　　　　출처_에테르누스

식되던 에스프레소가 유행하며 국내 소비자에게 커피 맛과 문화를 경험할 수 있는 선택지를 한층 넓혀준 셈이다. 에스프레소 바는 일반 카페와 달리 공간이 적게 필요하고 회전율이 빠르다는 장점이 있다. 또한 브랜딩부터 디자인, 음악, 서비스 등의 감도가 매우 높다. 에스프레소 바는 현재 용산 외에도 도산공원, 삼각지, 명동, 안국 등에서 새로운 트렌드로 자리 잡아 가고 있다.

[김경민의 노트]청와대 용산 이전이 부동산 시장에 미치는 영향

영등포구청역과 문래_낡은 공장에서 세련된 문화공간으로

영등포구청역을 중심으로 한 주변에서 가장 큰 변화를 보여준 지역은 역시 '문래동'이다. 성수동과 함께 서울의 대표적인 준공업지역인 문래동은 임대료가 상승한 홍대 상권을 대신할 곳을 찾는 예술인들이 2호선을 따라 남쪽으로 옮겨와 터를 잡은 곳이다.

문래동은 건물 1층에 위치한 기계공장들이 여전히 영업을 하고 있어 비어 있는 2층의 넓은 공간에서 저녁에 작업을 하는 데 지장이 없는 상황이었다. 따라서 많은 창작자들이 문래에 터를 잡기 시작했고, 지역에 새로운 F&B 가게들이 생겨났다. 이러한 문래동의 인기

는 지속되고 있으며 이 지역은 송파동, 제기동과 함께 코로나 기간에 오히려 매출액이 증가한 지역 중 하나가 되었다.[15] 이는 주로 코로나 이후에 임차료 부담을 덜고자 일부러 낙후된 골목에 개업하는 사람이 많아졌다는 점, 온라인 마케팅으로 집객이 얼마든지 가능하다는 점, 끊임없이 이색적인 장소를 물색하는 소비자의 취향과 맞아떨어졌다는 점 등의 이유로 비교적 타격이 적었던 것으로 평가되고 있다.

영등포구 대선제분 전경 출처_서울시 '내 손안에 서울'

한편 이 지역은 앞으로의 호재도 주목할 만하다. 영등포구청역 인근에 위치한 대규모 구식 공장들은 복합문화시설로의 탈바꿈이 이어질 예정이다. 대표적으로 2023년 여름 완공을 목표로 상업·문화 공간으로 조성 중인 대선제분 영등포 공장이 있다.[16] 1936년 문을 연 대선제분은 서울의 핵심적인 곡물 저장 창고로 사용되었다. 정미, 제분공장, 창고, 식당, 사무소 등 폭 15미터에서 길이 최대 100미터에 달하는 공간이 기둥 없이 펼쳐져 도심에서는 보기 드문 탁트인 공간감을 느낄 수 있다. 대규모 패션쇼나 코스메틱 브랜드의 론칭 이벤트 등이 일찌감치 이곳에서 열린 바 있다.

롯데제과 영등포 공장도 뉴욕의 첼시마켓Chelsea Market을 모델로 한 '헤리티지 쇼핑몰'로 변신하기 위해 개발 계획이 세워졌다.[17] 이 외에도 제2세종문화회관이 2025년 12월 개관을 목표로 문래동에 건립 예정이다. 이는 경험에 기반한 소비를 중시하는 MZ세대를 유입하며 영등포구의 새로운 기폭제로 작용할 것으로 예상된다.

②

빅데이터로 예측하는
미래의 핫 플레이스

창폐업 데이터와 MZ세대 팬덤 브랜드 입지 분석을 통해 도출한 핫 플레이스는 이렇다. 북촌, 명동, 을지·충무, 성수, 홍대·합정, 이태원·한남, 여의도, 강남권, 석촌호수 인근. 여기에 대중교통망, 특히 지하철 2호선, 3호선, 6호선의 중요성을 고려해 총 7곳의 핫 플레이스를 선정했다.

뜨는 지역은 어떻게 알아볼까?

2023년의 핫 플레이스는 두 가지 접근을 통해 분석했다. 첫 번째는 빅데이터로 행정안전부에서 제공하는 전국의 음식점 및 카페(이하 F&B) 업종의 창폐업 자료다. 두 번째는 MZ세대 사이에서 강한 팬덤을 형성하고 있는 외국 브랜드 기업(블루보틀, 애플, 이솝 등)의 상점 위치 정보다. 첫 번째는 매우 정량적인 분석이며, 두 번째는 연구진이 선별한 브랜드의 위치인 만큼 정성적인 측면의 분석이라 볼 수 있다. 두 자료는 상호보완적이고 분석 결과의 유효성을 높여준다. 이제 두 가지 분석을 통해 알아본 2023년의 핫 플레이스를 만나러 가보자.

① F&B 창업 빅데이터 분석

서울에서 새롭게 각광받고 있는 핫 플레이스를 알아보기 위해, 핫 플레이스를 형성하는 데 가장 중요한 요소인 음식점과 카페의 창업 패턴을 살펴봤다. 행정안전부의 인허가 데이터는 언제 어느 지역에 어떤 종류의 음식점(한식, 일식, 중식 등)과 카페가 창업했는지를 알려주며 해당 가게의 주소까지 공개한다. 따라서 서울 전역에 존재하는 모든 가게의 주소와 창업 연월일 및 폐업 연월일을 알 수 있다.

코로나 기간에도 어떤 지역에 창업한 가게 수가 증가했다면, 이는 경제위기가 상당한 와중에도 사람들이 몰리는 장소임을 의미한다. 따라서 2020년 1월 1일부터 2022년 6월 30일까지 코로나가 극심했던 지난 2년 반 동안의 지역별 누적 창업 수를 살펴봤다.

일반적으로 작은 단위의 지역 분석을 할 때, 동 단위 분석을 많이 한다. 그런데 동 단위 분석은 유용하기는 하나 큰 단점이 있다. 모든 동의 크기가 비슷하지 않고 규모가 다양하기 때문이다. 예를 들어 서울 중심부에 있는 동과 강남 지역에 있는 동은 면적 자체가 다르다. 핫 플레이스인 익선동과 인근의 봉익동 등은 면적이 매우 작은 반면, 도시개발과 함께 구획이 정리된 강남구의 역삼동이나 삼성동은 익선동의 몇 배에 달하는 면적이다. 동 단위의 단순 비교로는 원하는 정보를 얻기 힘들다. 따라서 본 분석을 위해 서울 전체를 동일한 면적의 정사각형 모양 격자로 전환시켰는데, 서울에는 $500m^2$ 크기의 정사각형 격자가 2,634개 있는 것으로 나타났다. 그리고 GIS(지리정보시스템) 프로그램을 활용해 모든 가게를 격자에 대입하고 각 격자에 위치한 가게들의 누적 창업 수를 계산했다. 본 분석에는 약 17만 건의 데이터가 활용됐다.

폐업과 창업 중 경기를 더 잘 반영하는 것은 폐업보다는 창업이다. 폐업의 경우, 부동산 계약으로 인해 어쩔 수 없이 가게를 연장해 운영하거나 '몇 달 버티다 보면 나아지지 않을까'와 같은 희망에 기대 폐업을 늦추는 경우가 있어 즉각적으로 상권이 반응하지 않기

서울시 누적 창업 수 데이터. 진한 빨강색은 150건, 옅은 빨강색은 75건 이상의 창업이 있었던 지역이다. (2020년 1월 1일~2022년 6월 30일)

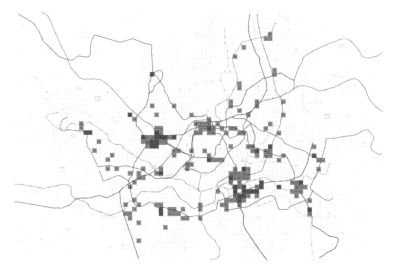

때문이다. 그러나 창업은 신흥 상권이 만들어지면 즉각적으로 반응한다. 익선동이나 방배동 같이 주택가가 상점으로 순식간에 바뀌는 일이 생기기도 하는 이유다.

지난 2년 반 동안 서울에서는 총 33,600여 개의 상점이 창업했고, 30,600여 개의 상점이 폐업했다. 각 격자 중 창업 수가 가장 많은 곳은 압구정역 인근으로 총 386개 가게가 창업했다. 지도에는 75건 이상의 창업이 발생한 지역의 격자들을 표시했다. 짙은 빨강색은 150건 이상, 옅은 빨강색은 75건 이상의 F&B 가게가 창업한 지역이다.

빅데이터 분석 결과, F&B 창업에는 다음과 같은 패턴이 있음을 알 수 있었다.

1. 지하철 대중교통망을 따라 F&B 창업이 일어나고 있다.

지하철이 지나가는 지역과 지하철이 지나가지 않는 지역을 비교했을 때, 전체 상권 격자 중 203개가 지하철이 지나는 지역에 있다. 지하철이 없는 곳에 존재하는 상권 격자는 단 12개에 불과하다.

2. 특히 2호선, 3호선, 6호선이 가장 강력한 효과를 발휘하고 있다.

지하철의 여러 라인 중 2호선을 따라 있는 격자 총 178개 중 104개, 즉 58.4%가 상권화되어 있다. 3호선이 지나가는 격자 총 118개 중 39개 격자(33.1%)가 상권화되어 있으며 대부분 양재역에서 안국역 사이에 입지한다. 또한 6호선이 지나가는 격자 총 201개 중 94개 격자(46.8%)가 상권화되어 있었는데, 주로 디지털미디어시티역(DMC) 과 고려대역 사이에 밀집해 있다.

3. 공간적으로 서울의 동북권과 서북권의 상권 형성은 상대적으로 미약하다.

4. 이에 비해 강남구는 거의 전 지역이 상권화 가능성이 있다.

강남구의 경우, 거의 모든 지역이 상권화가 진행 중인 것으로 보인다. 강남구에는 약 200개 격자가 있는데, 이 중 하천(한강과 양재천 등) 과 산 등을 제외한 70여 개 격자 중 40개(57.1%)가 상권화되어 있다.

5. 지역들이 뭉치면서 클러스터가 될 가능성이 있다.

창업 데이터 분석을 통해 알 수 있는 다른 패턴은 지역들이 서로 뭉치면서 공간적으로 확장되고 있는 점이다. 이는 작은 단위 상권들이 연결되어 대형 상권으로 발돋움할 가능성을 보여준다.

부동산 PLUS ⊕

창업이 활발한 핫 플레이스 6

· 강남대로 권역(도산대로−강남대로−테헤란로)
· 석촌호수 주변
· 성수 클러스터
· 이태원·한남 클러스터
· 을지·충무 클러스터
· 홍대·합정 클러스터

---

② MZ세대 팬덤 브랜드 입지 분석

트렌드 세터trend setter인 MZ세대로부터 강한 충성도와 지지를 받는 브랜드는 장소에 상관없이 수요를 해당 지역으로 끌어올 가능성이 크다. MZ세대가 해당 브랜드의 강한 팬덤을 형성하고 있기 때문에 위치를 넘어서 입지를 고를 수 있는 것이다. 과거에 잘 나가다가 쇠퇴한 지역이라든지 아니면 아예 사람들에게 생소한 장소도 가능하다.

앞선 F&B 창업 빅데이터 기반의 분석은 일반 대중을 수요자로 한 분석이었다. 하지만 일반 대중이 아닌, MZ세대 충성 고객을 갖고 있는 브랜드가 선택하는 장소는 일반 F&B와 다를 수 있다. 이들은 장소 자체가 브랜드화된 지역(장소 브랜딩이 존재하는 지역)에 입지하는 경향이 있다.

애플Apple은 전 세계적으로 가장 충성도 높은 고객층을 보유하고 있으며 애플 스토어를 통해 오프라인 매장에서 브랜드를 일종의 '경험 소비'로 구현해낸다. 애플 스토어는 로컬의 특징을 공간에 잘 녹여내는 것으로도 유명한데, 대표적인 사례가 일본의 교토 애플 스토어와 19세기 건축의 특징을 살린 런던 코벤트 가든의 애플 스토어다.[18] 또한 뉴욕의 애플 스토어는 뉴욕 전체에서 가장 사진이 많이 찍히는 핫 플레이스이기도 하다. 한국에서는 2018년 가로수길에 첫 매장을 개장한 후, 2021년 여의도에, 2022년 명동에 지점을 오픈했다.

블루보틀Blue Bottle은 매장에 콘센트를 설치하지 않고 커피에만 집중하게 하는 카페로 '커피계의 애플'로도 불린다. 장시간 편하게 쉴 수 있는 공간은 아니지만, 지역 커뮤니티와의 연결성을 중시하면서

애플 스토어 가로수길점 출처_애플 홈페이지

블루보틀 역삼점 출처_블루보틀 홈페이지

독특한 팬덤을 형성하고 있다. 블루보틀은 위치한 상권 전체에 유동 인구를 늘리는 효과를 만들어 '블세권'이라는 신조어가 등장하기도 했다.[19] 블루보틀은 성수동과 삼청동에 각각 1호점과 2호점을 내며 한국에 진출해 최근 제주점까지 9호점을 오픈했다.

이숍Aesop은 호주의 친환경 화장품 브랜드로, 신규 매장 오픈 시 지역의 역사와 감성을 담아내는 공간 분위기를 추구한다.[20] 해당 지역의 문화를 이해하고 있는 건축가와 장인이 재료부터 엄선해서 설계해 오픈 전부터 화제를 일으키기도 한다. 자신의 소비에 지향하는 가치를 담는 경향이 있는 MZ세대에게 이런 친환경 브랜드는 많은 사랑을 받고 있다.

이숍 한남점　　　　　　　　　　　　출처_이숍 홈페이지

애플, 블루보틀, 이솝 등 브랜드의 특징은 분점을 공격적으로 오픈하며 사세를 확장하는 것이 아니라 매장 수를 최소화하면서도 고객에게 차별적 경험을 제공하고 고객과 정서적 연결을 추구한다는 것이다. 또한 브랜드 아이덴티티와 지역 브랜드를 연결하는 방식을 추구한다.

세 브랜드가 입점한 지역은 강남권(가로수길과 테헤란로), 성수 클러스터, 여의도, 한남동, 북촌(삼청동) 그리고 명동이다. 여의도의 경우 더현대서울과 IFC몰에 입지한 만큼, 지역에 대한 연계라기보다는 랜드마크 상업 공간에 입지한 것으로 보아야 한다.

애플, 블루보틀, 이솝의 입점 지역

결국 창폐업 데이터와 MZ세대 팬덤 브랜드 입지 분석을 통해 도출한 핫 플레이스는 이렇다. 북촌, 명동, 을지·충무, 성수, 홍대·합정, 이태원·한남, 여의도, 강남권, 석촌호수 인근. 여기에 대중교통망, 특히 지하철 2호선, 3호선, 6호선의 중요성을 고려해 서울에서 총 7곳의 핫 플레이스를 선정했다. 앞으로 이 지역을 유심히 지켜보길 바란다.

부동산 PLUS

2023년 주목해야 할 핫 플레이스

- 북촌(3호선 안국역)
- 명동(2호선 을지로입구역)
- 을지·충무 권역(2호선 을지로3가역-을지로4가역-동대문역사문화공원역)
- 성수 권역(2호선 뚝섬역-성수역)
- 홍대·합정 권역(2호선 홍대입구역-6호선 합정역)
- 이태원·한남 권역(6호선 녹사평역-이태원역-한강진역)
- 강남권(3호선 압구정역-신사역, 2호선 강남역-역삼역-삼성역)

지금부터는 이 중 가장 발전이 기대되고 미래의 핵심 상권으로 발돋움할 가능성이 큰 지역들을 구체적으로 살펴보도록 하겠다. 서울에서 뽑은 다섯 지역뿐만 아니라 최근 엄청난 이목을 끌고 있는 전국의 핫 플레이스 두 곳도 소개할 예정이다. 또한 각 지역별로 현장을 가장 잘 아는 전문가들을 취재해 인터뷰 내용을 수록했다.

[KBS 홍사훈의 경제쇼] 빅데이터로 알아보는 미래의 핫 플레이스 5곳

[땅집고]강남 사는 2030 몰려가는 이 5곳, 내년에 활활 타오른다

핫 플레이스 TOP 7

③

2023년 핫 플레이스
_서울편

핵심은 '제1세대 상권의 부활'이다. 20세기의 핫 플레이스 신당동, 압구정동, 명동 그리고 21세기의 핫 플레이스 북촌과 이태원 등은 모두 심한 부침을 겪었던 제1세대 핫 플레이스다. 다시 비상 중인 이 지역들에 관심을 가져야 할 때다.

'을왕성'은 다가올 미래다!

2023년 상권 분석에서 가장 눈에 띄는 키워드는 '2호선', '6호선', '을지·충무 클러스터'와 '성수 클러스터'다. 그리고 이 4개 키워드의 중앙에는 '신당'이라는 핫 플레이스가 있다.

서울에는 크게 4곳의 오피스 타운이 존재한다. 광화문을 중심으로 넓게 형성된 CBD, 강남권 오피스 권역, 여의도 권역, 구로·가산 디지털단지 인근이다. 가장 오래된 전통의 오피스 타운은 CBD다. CBD에 소재한 대형 오피스 건물들은 광화문부터 대개 을지로3가역까지 분포해 있다. 그러나 2010년대 중반 이후부터는 CDB 오피스 타운이 동쪽으로 확장하는 트렌드가 잡힌다. 을지로4가역에 들어선 대우건설 본사와 동대문역사문화공원역 인근의 CJ 본사가 대표적인 사례다.

만약 조금 더 동쪽으로 확장한다면, 동대문역사문화공원역 다음의 신당역, 상왕십리역 그리고 GTX가 서게 될 왕십리역(KTX)에 이를 것이다. GTX는 서울의 시간거리를 매우 단축시킬 교통의 혁신을 가져올 것이다. 원래 서울 동북부 지역은 종로 접근성은 괜찮을지 모르나, 강남과 여의도 접근성이 매우 안 좋다. 그런데 왕십리를 관통하는 GTX는 강북권의 도심, 강남, 여의도 접근에 필요한 시간거리를 혁신적으로 단축시킬 수 있다. 이는 왕십리 일대가 새로운 핵으로 성장하게 하는 디딤돌이 된다. 따라서 장래에는 CBD 오피스 타운이 2호선을 따라 왕십리까지 연결될 가능성이 매우 크다.

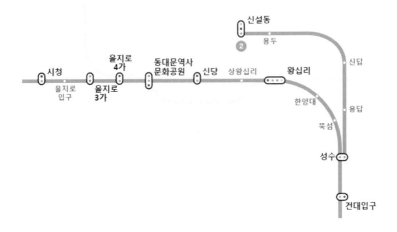

2호선 왕십리역에서 두 정거장을 가면 뚝섬역과 성수역이 있다. 소셜벤처 생태계를 중심으로 새로운 오피스 타운으로 발돋움하는 성수 클러스터다. 즉, 미래에는 을지로와 왕십리, 성수가 거대하게 연결될 가능성이 있다. 필자는 이를 '을왕성'이라는 키워드로 묶어 부르려고 한다.

이러한 오피스 타운은 주변에 중산층 타운화가 된 지역에 조성되거나 중산층 타운화를 견인한다. 대표적인 사례가 강남과 여의도 오피스 타운이다. 그런데 '을왕성'은 새로운 중산층 이상의 주거지로 거듭나고 있다. 트리마제-아크로서울포레스트-갤러리아포레로 이어지는 서울숲의 럭셔리 주거 타운과 중랑천 건너의 대규모 행당동 재개발 지역 그리고 왕십리 뉴타운이 이를 보여준다. 따라서 을왕성은 2호선 라인을 따라 대규모 중산층 거주지와 오피스 타운이 이어지며 도시연담화(도시가 확장하며 2개 이상의 인접도시가 연결되어 하나의 거대도시가 형성되는 것)가 발생할 가능성이 크다.

2023년 상권에 있어 주목하고 있는 4개 키워드 중, '2호선', '을지·충무 클러스터', '성수 클러스터'가 모두 '을왕성'을 가리키고 있다. 나머지 하나의 키워드는 '6호선'이다. '을왕성'이라는 떠오르는 미래와 6호선 사이 접점이 있다면 그 지역은 새로운 허브로 성장할 것이다. 그리고 그 답은 바로 '신당'이다.

① 신당_트렌디한 셰프와 예술가의 실험실

서울 내 대학가를 모두 아우르는 2호선(연세대, 홍대, 한양대, 서울대)과 6호선(홍대, 서강대, 고려대, 광운대, 과기대)이 교차하는 지점인 신당동은 MZ세대의 이동이 가장 많은 지역 중 하나다. 신당동을 관통하는 지하철 6호선은 버티고개역-약수역-청구역-신당역 등을 거친다. 약수역은 3호선, 청구역은 5호선, 신당역은 2호선과 연결된 더블역세권이다. 따라서 신당은 지하철을 따라 광화문(5호선), 강남(2호선), 용산(6호선 삼각지역) 등 서울 전역과 접근성이 높다.

신당동은 과거에 무당들이 모여 살며 신당神堂촌을 형성한 구역으로 유명했다.[21] 광희문 밖으로 나온 망자들을 위해 굿을 하는 동네였

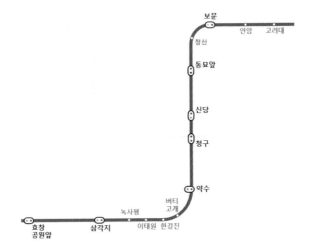

던 것이다. 일제강점기였던 1921~1938년 신당동 일대에는 근대적인 시설을 갖춘 문화주택 단지가 세 차례 분양되었는데, 격자로 구획된 도로와 규격을 갖춘 신식 주택 단지가 지어져 이른바 신흥 경제층이 살던 중산층 주택 단지였다. 또 일제강점기 일본인 회사의 중역들이 거주했던 건축면적 100평이 넘는 호화주택 디펜던트 하우스 Dependent House(DH 하우스)[22]와 적산가옥이 신당동 일부에 포진했다. 1955년과 1957년에는 지금의 중앙시장 일대에 '부흥주택'으로 불리는 중산층을 위한 연립주택 단지가 대량으로 공급되기도 했다.[23]

또한 해방 이후 신당동의 '서울중앙시장'은 서울이 소비하던 양곡(쌀)의 70% 이상을 유통하는 핵심적인 대형 유통시장으로 성장하며

9개 구역으로 구분된 서울중앙시장

출처_《황학동: 고물에서 금맥캐는 중고품시장》(2015), 서울역사박물관 서울생활문화자료조사, 216쪽

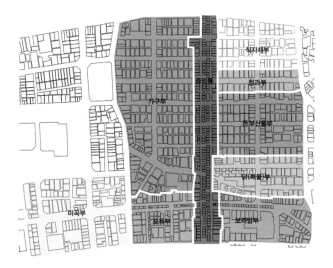

기존 연립주택 단지를 파고들었고 신당동 지역 전체가 사대문과 왕
십리 일대를 잇는 거대 상권으로 상업화되기 시작했다.

　신당동은 쌀을 살 수 있는 거의 유일한 지역이었던 만큼 각종 미
식 자원과 물자가 풍부하게 공급되었다. 중앙시장은 미곡부, 닭육
류, 청과부, 식자재부 등 총 9개 구역으로 나뉘어 있어 물자에 대한
접근성이 매우 우수한 지역이었다. 현대에 와서도 신당동은 동대문
과 왕십리 사이에 위치해 있어 상대적으로 임대료가 저렴하고, 인적
자원이 많으며, 인근의 대형 상권과도 가깝다는 지리적 이점이 있다.

　풍부한 물자와 접근성을 바탕으로 최근에는 오랫동안 자리를 지

킨 노포들 사이에 젊은 셰프와 마케터, 예술가들이 앞다퉈 비스트로 (작은 식당)와 카페, 와인 바, 이자카야 등을 열고 있다. 신당동은 젊고 기획력 좋은 셰프들이 브랜드를 내기 전 아무도 모르게 실험하는 곳이 되었다. 이국적인 콘텐츠와 미식 자본이 결합한 음식점들이 '여기에 이런 곳이 있나' 싶을 만큼 깊숙한 골목골목에 새로 생겼고, 이를 찾아내며 희열을 느끼는 MZ세대의 니즈와 맞아 방문객의 유입이 빠르게 늘고 있다.

대표적인 가게로 칵테일 바 '주신당'이 있다. 이곳은 동대문에서 냉장고 문을 열고 들어가면 가게가 나오는 독특한 콘셉트로 큰 인기를 얻은 바 '장프리고'에서 만든 두 번째 공간이다. 주신당이라는 가게 이름에서도 느껴지듯이 신을 모시는 신당동의 역사에서 영감을 받은 듯한 음산한 입구와 신비스럽고 몽환적인 내부가 인상적인 바다. 십이지신을 모티브로 한 칵테일이 시그니처 메뉴다.

'하니칼국수'가 위치한 골목 앞에는 MZ세대가 항시 웨이팅 중이다. 하니칼국수는 삼각지의 '몽탄', 청담동의 '뜨락', 약수동의 '금돼지식당'의 대표 3인이 설립한 외식 기업 KMC(코리아미트클럽)의 첫 번째 브랜드다. 하니칼국수의 오래된 노포 같은 외관과 서울에서는 보기 힘든 토속적인 메뉴, 내부 인테리어 덕에 따로 홍보가 없음에도 인기를 얻고 있다. KMC는 대표 각자가 운영하는 식당 외에도 신당동의 하니칼국수, 달래해장, 영동장어, 뚝도농원을 운영하고 있으

칵테일 바 '주신당'의 외관 출처_주신당

KMC의 '하니칼국수' 외관 출처_하니칼국수 인스타그램

며, KMC의 매장 모두 코로나 기간 중에도 코로나로 인한 매출 타격
은 없었다고 전한다.[24] 코로나로 외식하는 횟수가 줄어든 소비자들
은 '이왕 외식하는 김에 좋은 곳에서 먹자'는 생각을 하게 됐고, 이
러한 소비자들의 발길이 유명 맛집으로 몰리게 되면서 잘되는 곳들
이 더욱 잘되는 쏠림현상이 생긴 것이다.

'계류관'은 압구정 '코슌(야키토리 오마카세 전문점)'으로 유명한 천
관웅 셰프가 중앙시장 초입에 낸 숨은 가게다. 천관웅 셰프는 〈편스
토랑〉에 출연하며 엄청난 인기를 얻었는데, 계류관에서는 서울에서
먹기 힘든 닭 편육을 선보여 새로운 미각 경험에 관심이 많은 MZ세
대의 발걸음이 이어지고 있다.

이색적인 닭 요리로 유명한 식당 '계류관'　　　　　　　　출처_계류관

신당동은 을지로와 성수동의 초기 모습을 연상시킨다. 하지만 신당동은 성수동처럼 필지가 큰 건물들이 아니라 작은 건축물 규모로 유지되고 있어 좁은 골목길이 미로처럼 얽혀 있고, 곳곳에 소형 공장과 상점들이 밀집해 있어 독특한 경관을 만들어낸다.

신당동에 들어서면 쌀을 보관하던 '양곡 창고'들을 쉽게 발견할 수 있다. 양곡 창고는 일반 창고와 다르게 층고가 높고 건축 당시의 재료인 일본 수입목재로 시간의 켜가 겉으로 드러나 있어 이국적인 풍경을 만들어낸다. 신당동의 베이커리인 '심세정'과 '아포케테리'는 양곡 창고를 리모델링해 신당동만의 경관자원을 극대화하고 있다.

신당동의 또 다른 대표적 산업은 '봉제업'이다. 패션몰이 밀집한 동대문시장과 동묘, 황학동과 가까운 곳이라 의류업계에 종사자들이 신당동을 봉제업 근거지로 삼아 10~40년 간 명맥을 이어오고 있다. 패션산업 가치사슬은 크게 디자인-샘플·패턴-봉제-판매로 이루어져 있다. 가치사슬에서 가장 큰 가치를 제공하는 부분은 디자인과 판매 단계이며, 제조영역(샘플·패턴과 봉제) 중 샘플·패턴 단계는 고부가 제조영역에 속한다. 즉 패션 브랜드에 납품하기 위한 패턴을 개발하고 샘플을 만드는 작업으로 숙련된 인력을 사용하기 때문에 이러한 작업은 지역 내에서 큰 부가가치를 창출한다.

신당동은 동대문과 성수동으로부터 패턴 전문 디자인이 넘어오면 패턴 제작, 원단 재단, 완성, 마무리까지 하루면 납품할 수 있는 지리적 이점과 인적 자원을 가지고 있다. 따라서 신당동은 패션계에 종

양곡 창고 건물을 활용한 베이커리 '아포케테리' 출처_아포케테리

양곡 창고의 높은 층고를 이용한 베이커리 '심세정' 출처_심세정

사하는 젊은 예술가들이 모여들기 좋은 동네다. 신당은 봉제업이 활성화된 지역적 특징으로 인해 다양한 업종들이 파생하기도 한다. 재봉틀 수리 및 판매, 부자재(실, 지퍼, 단추 등) 판매, 자수 및 나염, 이동용 오토바이 개조 및 판매점 등을 쉽게 찾아볼 수 있다.[25]

신당동이 속해 있는 동대문 상권의 소규모 상가 임대료는 코로나 기간에도 2020년 1분기 44,600원/m²에서 2022년 1분기 47,500원/m²로 상승했으며 중대형 상가의 임대료는 41,200원/m²에서 44,600원/m²로 상승해 을지로 상권의 임대료 수준을 따라잡고 있는 것으로 알려졌다.[26]

인스타그램 명소로 재탄생한 신당

(신지혜)

(STS개발 상무)

Q. '떡볶이 타운'으로만 알려져 있던 신당에 변화의 바람이 불고 있다고 들었습니다. 요즘 신당은 인스타그램 명소가 되어 MZ세대로 북적인다고요. 이 지역이 핫 플레이스로 부상한 이유는 무엇일까요?

신당동은 떡볶이 골목, 청계천, 동대문패션타운, 중앙시장 등 문화적 자원이 풍부한 동네입니다. 2017년쯤부터 이곳에 더피터커피, 심세정, 아포테케리 등의 인스타그래머블한 베이커리와 카페가 오픈하며 동대문 패션타운의 고객들을 끌어왔고 입소문을 타기 시작했습니다. 이후 F&B 업계의 역량 있는 플레이어들(장지호 대표, 장진우 대표, KMC 등)이 속속 자리를 잡으면서 본격적으로 2030세대가 줄을 서는 핫한 골목으로 변신했습니다. 찾아가기도 힘든 골목 구석에 핫한 카페들이 있는 어울리지 않는 풍경이 이곳의 재미를 보장해주고 있습니다. 얼마 전 가수 성시경의 유튜브 채널이 신당동을 한번 훑고 간 후로는 유명한 노포 앞에서 더욱 긴 웨이팅을 각오해야 하게 됐습니다.

Q. 상권으로서 신당의 입지에 대해 어떻게 보시는지 궁금합니다. 어떤 장점이 있을까요?

신당동은 지하철 2, 6호선이 교차하고, 한때 서울의 3대 시장이었던 중앙시장이 위치하고 있다는 장점이 있습니다. 중고 주방가구 거리로 유명한 중앙시장과 함께 동대문 패션타운, 동묘 풍물시장이 인접해 있어 많은 유동인구가 모여듭니다. 여기에 약수동, 왕십리 뉴타운 등 대규모 아파트 단지의 탄탄한 거주 인구도 이곳 상권을 떠받치고 있습니다. 즉 이미 형성된 로컬 상권에 특수 상권(주방가구 등), 인근의 비상설 상권(풍물시장), 전국구 상권(동대문패션타운) 등이 더해진 것입니다. 신당은 탄탄한 상권에 힙한 감성의 공간들이 모이며 핫 플레이스로 떠오르고 있습니다.

Q. 신당에 있는 '나만 알고 싶은' 공간을 하나 소개해주신다면 어디가 있을까요?

신당동 중앙시장 메인거리가 아닌 골목골목에 시장통의 모습을 그대로 간직한 숨은 맛집과 와인 바, 주점들이 있습니다. 어떤 곳들은 젊은이들만 찾아오라고 일부러 간판을 안 걸어놓은 곳도 있다고 합니다. 중앙시장에 작게 뻗은 골목들을 걸으며 새로 오픈한 가게를 찾아보는 재미가 쏠쏠합니다. 꼭 직접 방문해 이곳의 매력을 경험해보시길 바랍니다.

② 도산공원 _ 압구정의 완벽한 부활

강남구는 앞서 분석한 것과 같이 아파트 단지와 녹지, 한강유역 및 하천을 제외한 거의 대부분 지역이 상권화되고 있다. 특히 도산대로, 테헤란로, 강남대로를 중심으로 F&B 업종의 신규 창업과 폐업이 아주 왕성하게 일어난다. 강남구는 전국 단위에서도 창업에 있어서 1, 2위권을 다툰다.

강남, 아니 우리나라 1세대 핫 플레이스의 대표주자는 '압구정 로데오'다. 압구정 현대아파트와 한양아파트로 대표되던 고급 주거 단지가 인접한 압구정 로데오는 1990년대에 신문물이 전파되는 통로였다. 1988년 이곳에 우리나라의 첫 번째 맥도날드가 오픈했고, 이 지역은 'X세대'와 '오렌지족'의 활동무대로 여겨졌다.

하지만 1990년대 중반 이후, 세련된 취향의 가게들이 청담동에 생겨나고 임대료가 큰 폭으로 상승하면서 압구정 로데오는 상권 자체가 쇠락하기 시작했다.[27] 이곳은 2000년대 이후에는 청담동과 가로수길 상권에 밀려 외국인고등학교 재학생들이 노는 장소로 인식되기도 했다.

"2019년까지는 주로 성남이나 용산 국제학교 학생들이 저녁에 노는 장소였어요"

(서울국제학교 졸업생 김OO군 인터뷰, 2022.06.30.)

우리나라 최고 부촌 바로 앞에 있는 압구정 로데오 상권은 1990년대 중반 이후 장장 25년간 고전을 면치 못하는 곳이었던 것이다. 그런데 추락했던 압구정 상권이 도산공원을 중심으로 부활하고 있다. 창업 빅데이터를 보면 도산공원 일대는 지난 코로나 위기 중 서울에서 가장 창업이 활발한 지역이었던 것으로 나타났다. 코로나의 여파로 소비 형태가 고급화되면서 고급 매장과 레스토랑이 밀집한 도산공원 일대가 수혜 지역이 된 것이다. 실제로 압구정 일대는 1인당 소비액이 전국 최고 수준인 것으로 집계되었다.[28] 압구정 로데오가 떠오른 시기는 2020년 초반 클럽발 코로나 감염 이후 이태원 상권이 추락하는 시점과도 일치한다. 라운지 바와 파인다이닝 등 고급화되고 이국적인 취향을 가진 소비자들이 도산공원 주변을 찾게 된 것이다.

이 일대가 2030세대의 새로운 핫 플레이스로 떠오른 것은 고객들의 니즈를 정확히 파악한 젊은 사업가들이 이곳을 전략적으로 선택했기 때문이다. 도산공원 주변에 모인 가게들의 특징은 핫 플레이스의 핵심 공식인 '매장 속 나 자신을 예쁘게 찍을 수 있는가'를 완전히 충족하는 공간들이라는 점이다. SNS를 통해 양질의 세련된 문화를 자주 접할 수 있게 된 만큼 더 많은 MZ세대가 일상에서 보기 힘든 독특한 외관으로 눈길을 끄는 브랜드 쇼룸과 프리미엄 식문화 경험을 찾게 되었다.

도산공원 지역의 부활을 이끈 핵심 동력으로 인스타그램과 외식

다국적 분식 메뉴로 유명한 CNP의 '도산분식' 도산공원점　　　출처_CNP 홈페이지

MZ세대가 원하는 문화적 요소를 채운 신개념 편의점 '나이스웨더'　　　출처_CNP 홈페이지

업 앱을 적극적으로 활용한 브랜드 CNP와 GFFG를 꼽을 수 있다. 이들은 외식 사업을 기획하는 기업으로 처음부터 '줄서서 먹는 핫플'을 기획한다. CNP와 GFFG는 철저한 지역 기반 분석을 토대로 소비자들이 원하는 식문화 경험을 더욱 오랫동안 지속시키는 브랜드를 만든다.

CNP는 도산공원 일대에 '아우어다이닝', '도산분식', '아우어베이커리' 등을 운영하며 구축한 팬덤을 바탕으로 단숨에 18개의 브랜드, 28개의 매장, 370여 명의 직원과 함께하는 회사로 거듭났다.[29] 80년대생 친구들이 모여 만든 기업 CNP는 이제 외식업을 넘어 배달전문 음식점, 편의점(나이스웨더), 맛집정보 앱(푸딘코) 등으로 사업 영역을 확장하고 있다.

'카페 노티드' 청담점　　　　　　　　　　출처_카페 노티드 인스타그램

한편 GFFG는 '미국의 맛'을 표방한 정통 미국 수제버거 가게 '다운타우너', 컬러풀하고 귀여운 캐릭터로 유명한 도넛집 '카페 노티드', 그 외에도 '리틀넥', '호족반', '클랩피자' 등을 운영한다.[30] GFFG의 브랜드는 미각뿐만 아니라 시각적으로도 미국을 연상시키며 자신만의 팬덤을 구축하고 있다. 모두 극악 웨이팅으로 소문이 자자한 인기 있는 곳들이다.

도산공원 일대 GFFG가 기획한 F&B 입점 지역. 도산공원 블록을 하나의 브랜드 타운처럼 만들어 전략적으로 매장을 열고 있다.

MZ세대의 트렌드를 선도하는 도산공원의 이미지와 지역 브랜드 가치 등을 고려해 도산공원에 1호점을 내는 브랜드들이 급증하고 있다. 외식업뿐만 아니라 서비스업, 의류업을 시작하려는 브랜드들도 가장 먼저 입점할 장소로 이곳을 점찍었다. 브랜드 자체의 완성도도 중요하지만 브랜드가 '어디에' 있는가도 성공요인이 되고 있는 것이다. 과도한 입지의 확장보다 해당 거리의 집객 전략과 특성, 소비 성향에 대한 정확한 분석이 필요하다는 것을 보여준다.

압구정 로데오 상권이 주는 인사이트는 다음과 같다. 먼저 상권은 한번 쇠락하면 다시 부흥하는 것이 매우 힘들다는 점이다. 압구정 로데오는 주변에 청담동, 압구정 현대아파트, 한양아파트 등 우리나라 고급 주택 단지로 둘러싸여 있음에도 긴 침체기를 경험한 바 있다. 임대료와 권리금을 내려도 이미 떠난 상권의 바람은 취향을 선도하는 소비자들이 찾지 않으면 오랜 시간 유령상권으로 남는다. 다시 말해 압구정 로데오를 포함한 명동, 삼청동 등 1세대 상권의 부활은 오로지 젊은 세대를 유입하는 '새로운 앵커 콘텐츠'가 생길 만큼 지역 자원을 잘 활용하는가에 달려 있는 것이다.

참고로 도산공원 일대 소규모 상가의 임대료는 2020년 1분기 52,400원/m²에서 2022년 1분기 53,200원/m²로 상승한 것으로 나타났다.[31]

③ 북촌_한옥의 멋으로 문화 중심지로 도약하다

서울 북쪽의 대표적 관광지로 각광받던 북촌-계동-삼청동 일대 상권은 인근의 익선동 상권이 급부상한 2014년부터 조금씩 쇠락하기 시작했다. 천정부지로 오르던 삼청동 골목상권의 높은 임대료를 이겨내지 못한 상인들이 하나둘 자리를 떠나기 시작한 것이다. 또한 다양한 전통찻집과 공방으로 인기를 끌었던 삼청동 골목에 대형 프랜차이즈 커피전문점들이 들어서며 방문객의 발길이 끊겼고 침체가 장기화되었다.

게다가 2020년에는 코로나가 터지면서 가회동과 계동 상권에 외국인 관광객마저 급감해 지역의 마지막 자존심인 에어비앤비AirBnB 영업이 망가졌다. 북촌은 주거 지역임과 동시에 소규모 리테일과 관광업이 생명인 동네인데 주요 방문객을 잃으면서 상당한 쇠퇴를 경험하게 됐다.

그러나 2022년, 예상치 못했던 청와대 개방과 대통령 집무실의 용산 이전은 쇠락한 상권인 삼청동에 새로운 기회로 작용하고 있다. 청와대라는 정치적 공간이 문화공간으로 재탄생함에 따라 문화자원을 오랜 기간 축적해두었던 인근 상권인 북촌 일대가 들썩이고 있는 것이다.

오랜 침체를 겪고도 다시 건재할 수 있는 북촌의 힘은 이곳이 누구나 인정하는 '가장 한국스러운 골목'이라는 도시 공간적 자원에서

임대 매물이 많이 나왔던 과거 삼청동
출처_"익선동 뜨는데 우린 한물 갔나" 빛바랜 명소 삼청동의 그늘, 〈파이낸셜뉴스〉, 2019.2.16.

나온다. 북촌 일대는 한옥집단지구라는 차별성을 지니고 있어 브랜드 파워를 갖고 있고, 지역의 존재 자체가 어느 기업도 쉽게 범접할 수 없는 브랜드가 되기 때문이다.

한국의 옛 모습이 현재도 이어지고 있는 북촌한옥마을은 600년 전부터 조선시대 최고의 주거지로 손꼽혔으며 지금도 일부 주민이 생활하는 주거 지역이다. 조선시대 왕실 종친과 양반가의 고급 주거지라는 역사적 배경에 더해 북촌은 일제강점기에 국내에서 학교와 교회 등의 근대시설이 가장 먼저 등장했던 곳이기도 하다. 해방 이

1930년대 한옥을 리모델링한 북촌 설화수 플래그십스토어   출처_아모레퍼시픽 홈페이지

1960년대 양옥을 리모델링한 북촌 오설록 티하우스   출처_오설록 홈페이지

후 주인이 바뀐 대형 필지는 작게 세분화되었으며 중산층과 전문지식인을 위한 소규모 도시한옥 지역이 새롭게 조성되었다. 현재 우리가 볼 수 있는 북촌의 풍경은 바로 이 한옥이 밀집한 모습이다.

현대의 삼청동은 감각과 경험을 중시하는 아틀리에 건축사무소와 디자이너들이 가장 모던하면서 한국적인 공간을 실험하는 지역이다. 삼청동 곳곳에서 1920~1930년대 한옥과 1960~1970년대 양옥을 현대적으로 재해석한 공간을 쉽게 찾아볼 수 있으며 공간들은 아름다운 마당, 야외 테라스, 한옥마을이 보이는 전망을 적극적으로 활용한다.

북촌의 낮은 스카이 라인sky line(건물과 하늘이 만나는 지점의 경계선)으로 인한 고즈넉한 뷰, 소규모의 필지들이 만들어내는 골목의 구조는 개성 있는 가게들과 공예 공방, 오너셰프의 맛집 등을 지속적으로 끌어들일 것이다.

또 인근의 계동 현대사옥, 한국금융연수원, 헌법재판소, 광화문 CBD 오피스 타운이 밀집해 있어 직장인 인구도 매우 풍부하기 때문에 지속적인 소비층 유입이 기대된다.

뿐만 아니라 북촌 일대는 문화적 자본이 오랫동안 축적되고 있는 지역으로, 한옥 소유자들이 운영하는 공간을 중심으로 한 '스테디셀러'가 자리 잡고 있다. 바로 미술과 공예·디자인 산업 기반의 공간들이다. 북촌 지역은 인근의 인사동과 함께 국내 미술 시장을 선도

삼청동 소재의 국제갤러리　　　　　　　　　　　　　출처_국제갤러리 홈페이지

하는 지역 중 하나로, 갤러리 용도의 임대차가 활발히 이루어진다. 국립현대미술관과 국제갤러리, 학고재 등 역사가 깊은 크고 작은 미술관들이 자리 잡고 있다. 또한 인근에 서울공예박물관이 있고, 송현동 부지에 이건희 기증관 건립도 예정되어 있어 앞으로 국제적인 미술관 지역으로서의 발전 가능성도 굉장히 크다.[32]

청와대 개방과 함께 북악산, 송현동 등 출입통제 지역이 해제되면서 북촌 상권이 경복궁 서측의 서촌 상권과 연계되어 확장될 수 있다는 관측까지 나오고 있다.[33] 서촌 역시 북촌과 마찬가지로 새로운 것과 오래된 것이 어우러져 시간의 축적이 현재 진행형으로 이루어

지는 공간이다. 두 지역은 청와대 개방과 함께 경쟁력이 증폭되어 도심 내 최고의 문화지역으로 성장할 잠재력이 크다.

실제로 청와대가 개방 된 이후인 2022년 1분기 점포수와 매출액, 매출건수, 유동인구가 모두 증가한 것으로 나타났다. 임대료도 전년 같은 분기 37,000원/m²에서 40,000원/m²로 상승해 상권의 재활성화가 예고되고 있다.[34]

한옥의 멋이 살아 있는 북촌 에어비앤비

$$이상천$$

(에디블코리아 대표)

Q. 에어비앤비는 주로 해외여행 시 이용한다는 인식이 있는데, 실제로는 어떤가요? 북촌 에어비앤비를 이용하는 투숙객들 중 국내 이용자는 어느 정도인지 궁금합니다.

코로나 이전 기준으로 봤을 때 전체적으로는 외국인의 비중이 더 컸던 것 같습니다. 외국인들의 한옥에 대한 관심이 굉장히 크다고 느낍니다. 제가 관리하는 한옥들은 일반 가정집으로 사용되었던 집들인데 주로 외국인이 많이 다녀갔습니다. 하지만 모던한 인테리어로 꾸민 집들은 내국인 방문객들도 많이 이용한다고 들었습니다.

Q. 코로나로 인해 한동안 북촌에도 관광객이 뜸했을 것 같습니다. 요즘은 상권이 회복된다는 소식이 들려오고 있는데 현장의 분위기는 어떤가요?

요즘에는 입국 절차가 간소화되어 외국인 방문객들이 늘어나고 있는 추세입니다. 하지만 코로나 이전과 비교했을 때는 아직 20~30% 정도밖에 돌아오지 않은 것 같습니다. 아직까지는 해외여행 시 코로나 검사를 하는 등의 부담 탓에 여행이 보다 자유로운 서구권에서도 예전만큼은 방문하지 않는 것 같습니다. 중국의 하늘길이 아직 막혀 있는 것도 큰 이유로 보입니다. 다른 나라들의 정책과 대한민국의 입국 절차가 간소화되면 차차 나아지지 않을까 싶습니다.

Q. 북촌의 에어비앤비는 한옥을 콘셉트로 한 곳이 많아 호텔과 차별화되는 것 같습니다. '호캉스'가 아닌 '한옥캉스'가 대세라는 말도 있더라고요. 한옥이라는 공간에서 숙박하며 느낄 수 있는 특별한 체험이 있다면 어떤 것이 있을까요?
현대인의 삶에서 느낄 수 없는 한옥의 특별함은 '마당'이라는 공간에서 오는 것 같

북촌한옥마을의 한옥 스테이

습니다. 고층빌딩이 없는 하늘이 보이고, 그날그날의 날씨를 느낄 수 있는 독립된 공간이 있다는 게 현대인에게는 굉장히 특별한 체험이 아닐까 싶습니다.

Q. 에어비앤비 사업의 수익성을 어떻게 보시는지 궁금합니다.

숙박 사업만 놓고 본다면 적어도 북촌에서는 수익성이 많이 낮지 않나 생각됩니다. 높은 땅값에, 높은 건설비용, 높은 유지비용이 들어감에도 불구하고 단층 건물이기에 받을 수 있는 투숙객의 숫자가 많지 않기 때문입니다. 한옥 숙박의 고급화가 진행돼 가격이 높아지기 전까지는 수익성이 낮다고 생각합니다. 하지만 이러한 문제점 때문에 수익성을 개선할 수 있는 체험 서비스와 부가 서비스 개발에 힘쓰고 있습니다.

계동의 전통찻집 '다몽헌' 출처_다몽헌

Q. 에어비앤비 사업을 할 때 가장 어려운 점은 무엇인가요?

사람을 대하는 일이다 보니 투숙객과 소통하는 것이 어려울 때가 있습니다. 다행히도 저는 운이 좋았는지 여태까지 소통이 어려웠던 분들이 많지는 않았습니다. 소통은 개선점을 찾을 수 있는 기회가 되기도 하지만, 어떤 상황에서는 정말 할 수 있는 게 없는데 의견 차이가 좁혀지지 않아 힘들 때가 있습니다.

Q. 북촌에 있는 '나만 알고 싶은' 공간을 하나 소개해주신다면 어디가 있을까요?

저는 차와 술을 굉장히 좋아합니다. 낮에는 계동길에 위치한 '다몽헌'이라는 찻집에 가는 것을 좋아합니다. 거기에는 편안하고 멋스러운 한옥 인테리어, 취향별로 마실 수 있는 다양한 차가 준비되어 있습니다. 또 국립현대미술관 서울관 뒤쪽에 위치한 '공간'이라는 한옥 칵테일 바도 추천하고 싶습니다. 그곳에 가면 전통소주로 만든 '타락죽'이라는 인생칵테일이 있는데, 꼭 한번 드셔보라고 권하고 싶습니다.

④ 명동_외국인 쇼핑타운에서 MZ세대 오픈런 성지가 되다

명동은 대한민국을 대표하는 상업가로 서구의 유행이 가장 먼저 들어오는 동네였다. 변하지 않는 상징성으로 지위를 지키며 계속 진화해왔으며 외국인 관광객을 대상으로 한 로드 숍 형태의 상권이 발전했다. 그러나 2017년 사드 문제로 중국인 관광객이 급감했고, 2019년의 NO 재팬운동, 2020년의 코로나라는 악재가 연이어 터지며 직격탄을 맞은 명동 상권은 급격히 추락하기 시작했다. 명동의 중심인 명동8길 주위의 명동거리 1층 상가는 대부분 문을 닫았으며 공실률은 50%대를 육박했다. 자영업자 가운데 상당수는 폐업 대신 휴업을 선택했다는 점을 고려하면 실제 공실률은 집계된 것보다도 높을 것으로 보인다.

그럼에도 불구하고 명동을 2023년의 핫 플레이스로 꼽는 것은 유령상권이라는 긴 터널에서 벗어날 수 있는 '새로운 변화'가 곳곳에서 감지되고 있기 때문이다. 무권리금에 임대료가 낮아진 틈을 노려 새로운 오픈런 명소가 이곳에 등장하고 있다.[35]

현재 명동의 자리는 예부터 광화문, 동대문, 남대문을 중심으로 형성된 원도심, 이른바 서울 사대문 안에서도 가장 핵심적인 입지를 자랑한다. 남쪽으로는 남산, 북쪽으로는 을지로와 종로 그리고 각종 공공청사와 금융기관이 밀집해 있는 업무 지역이 보행권으로 닿아 있다. 국내에서 이용객 수가 가장 많은 2호선과 수도권을 남북으로 가로지르는 4호선 명동역이 위치해 있으며 어느 곳으로도 접근성이 뛰어나다.

이러한 위치적 장점으로 명동은 전국에서 가장 높은 지가를 자랑한다. 조선시대에 일제의 가로 정비 사업의 영향으로 격자 형태로 구성된 명동은 높은 지가로 인해 필지들이 소규모 세장형(가늘고 긴 모양)으로 분화되었다. 일반적으로 상업 지역이라면 대규모 면적으로 구성되기 마련이지만, 명동은 높은 지가 탓에 역설적으로 작은 필지들로 이루어져 '걷고 싶은 거리'의 대명사가 되었다. 이처럼 명동은 가로 문화가 발달해 볼거리가 많으며 보행환경이 우수한 지역이다.

명동의 랜드마크 명동성당　　　　　　　　　　　　　　　　　출처_셔터스톡

명동은 도시 근현대의 역사적 자원도 풍부해 도시공간의 서사가 매우 뛰어난 지역이다. 이곳에서 경관 자원은 곧 역사적 자원이고, 역사적 자원은 이 도시공간의 경관 자원이 된다. 명동의 경관 자원 중에서도 가장 핵심적인 역할을 하는 곳이 명동성당 일대다. 평지에 있지만 상대적으로 지형이 높은 명동 성당의 첨탑은 지역의 랜드마크로 명동 골목 어디서나 볼 수 있다.

그밖에도 명동의 서사를 증명하는 근현대 역사 자원이 곳곳에 있다. 대표적인 것이 명동성당을 마주보며 위치한 YWCA 건물이다. 이 건물은 1966년에 준공되었는데, 우리나라 1960년대 근대 건축물의 특성인 조각물이 잘 보존되어 있다. 이곳은 2020년 리모델링을 통해 '페이지 명동'이라는 이름으로 재탄생했다. 5층 건물에는 여성 창업가와 사회적 기업이 입주할 수 있는 공간이 마련되었으며 2021년에는 현대차 정몽구 재단이 꾸리는 소셜벤처를 위한 오피스 공간이 입주해 지역에 새로운 활력을 불어넣고 있다.

페이지 명동의 눈에 띄는 장점은 시민들에게 100% 열린 외부공간을 제공한다는 점이다. 1층은 물론이고 명동성당을 가장 훌륭하게 조망할 수 있는 3층 데크 역시 그곳에 위치한 카페 소유가 아닌 시민 개방 공간이다. 7층 옥상정원도 준비 중에 있다. 근현대 풍경이 한눈에 보이는 카페와 시민 누구나 즐길 수 있는 공공 테라스는 이곳의 자랑이다.[36] 3층 테라스에 위치한 에스프레소 바 '몰또'는 명동성당을 조망할 수 있는 이국적인 뷰로 입소문이 나면서 오픈런 명

옛 한국YWCA연합회관 출처_〈경향신문〉

2020년 리모델링으로 재탄생한 '페이지 명동' 출처_더함

소로 인기를 얻었다.

　명동은 서울 최초의 화교 근거지이기도 하다. 중국에서 건너온 상
인과 노동자들은 명동에 터를 잡고 오랜 세월 대를 이어가며 자신들
의 문화를 뿌리내렸다. 광복 후 대한민국 정부가 출범하고 가장 먼
저 국교를 체결한 장제스蔣介石의 중화민국이 건물을 지어 대사관으
로 사용했다. 당시에는 부지가 6,400여 평에 달했으나 대만 정부가
코스모스백화점(현 눈스퀘어 건물) 부지를 매각하면서 관련 부지 중
총 5,150여 평이 남았다. 현재 한국과 중국의 무역이 활발하게 이루
어짐에 따라 중국대사관은 건물 확장 공사를 진행 중인데, 높이 24

층에 총면적 1만 7,000여 평으로 한국 주재 대사관 중 가장 넓다.

명동 남서쪽 블록은 중국 음식점 및 물품 판매점뿐만 아니라 화교 커뮤니티를 위한 건물들이 밀집해 있다. 특히 정식인가를 받고 설립된 최초의 외국인 학교인 한성화교소학교(1909년 개교)가 있어 학교에 아이들을 마중하러 나오는 부모들이 근처에서 장을 보고 집으로 돌아가곤 한다. 대사관 거리 끝에는 동사무소 역할을 하고 증명서류 발급 등을 담당하는 한성화교협회와 각종 상회가 모여 있는 4층 규모의 중정도서관 건물이 있다. 30년 이상의 역사를 자랑하는 중화요리점과 1976년 명동에서 시작한 홍콩 전문서적을 판매하는 북카페 '서향가비' 등도 지역 문화의 다양성을 이끌어왔다.

'더 스팟 패뷸러스'는 중국대사관의 맞은 편, 대만을 상징하는 청천백일 문양이 붙어있는 흰색 건물 1, 2층에 자리한 카페다. 이 건물은 오랜 기간 대만대사관의 별관 역할을 수행했다. 그러다 1992년 한중 수교 때 한국이 대만과 단교하고 대만대사관을 중국에 넘겨주면서 이후 스튜디오, 카페 등 다른 용도로 사용되었다. 언제 만들어졌고 어떻게 쓰여왔는지 알려진 바 없는 이 건물은 현재 이국적인 건축양식과 공간을 통해 MZ세대의 호기심을 자아내고 있다. 입구 외벽 초석에 새겨진 '중화민국 45년 5월 10일 영전사기 왕동원 주한 중화민국대사(1951-1961 부임)', 그리고 2층의 목구조 천장에 새겨진 '중화민국 45년 6월 6일' 등의 표시로 보아 천장을 포함한 내부의 본모습을 볼 수 있게 된 것은 비교적 최근인 2019년도일 것이라고 한다. MZ세대는 이곳을 명동의 '마카롱 성지'로 부르며 명동의 새로운 상징으로 인식하고 있다.

명동은 국내 카페 문화의 원조인 살롱 문화가 가장 먼저 태동한 곳이다. '명동교자칼국수', '미성옥', '하동관' 등 기본 50년 이상의 역사를 자랑하는 유서 깊은 음식점들도 즐비하다. 연희동 상권에서 인기를 얻은 카페 '맷차'는 연희동에서 영업하다가 임대료가 낮아진 틈을 타 명동으로 이전했다.

'간판 없는 바'도 명동에 등장하고 있다. '명동숙희'는 경복궁의 근정전을 모티프로 인테리어를 꾸민 바인데, 파인다이닝급 메뉴로 입소문을 타 유명해졌다. 초행자가 한 번에 찾기 힘든 이곳은 4층에 위치한 데다 간판도 없는데, 골판지에 적힌 상호를 따라가 자개장을 열고 입장하는 의외의 방식으로 이목을 끌고 있다.

명동의 소규모 상가 임대료는 2020년 1분기 216,000원/m²에서 2022년 1분기 137,900원/m²로 대폭 하락했다.[37] 공실률 또한 0%대에서 50%대까지 상승했다. 인근 을지로 상권이 64,200원/m²에서 61,000원/m²로 소폭 하락한 것에 비하면 명동은 하락 폭이 큼에도 여전히 서울에서 가장 높은 임대료를 자랑한다. 임대료가 낮아진 틈을 타 새로운 F&B의 유입이 기대된다.

옛 대만대사관 건물을 활용한 '더 스팟 패뷸러스'　　출처_더 스팟 패뷸러스 인스타그램

경복궁 근정전을 모티프로 한 바 '명동숙희'　　출처_명동숙희

사람이 연결되는 서울의 중심지, 명동

양동수

(더함 대표)

Q. 대표님께서 운영하고 계시는 소셜디벨로퍼 그룹 '더함'에 대해 소개 부탁드립니다.

더함은 '공간을 통해 우리 삶을 더 이롭게'라는 소셜 미션을 바탕으로 사람과 사람을 연결하는 공간과 다양한 커뮤니티 프로그램을 기획, 조성하는 기업입니다. 국내 최초의 협동조합형 공공지원 민간임대주택 사업인 '위스테이'를 시작으로, 한국 사회에서 가장 상업화된 도시공간 중 하나인 명동을 다시금 '사회혁신의 장'으로 전환하고자 기획한 '페이지 명동', 복합문화공간 '커뮤니티하우스 마실' 등을 운영 중에 있습니다.

Q. 명동이라는 지역에 관심을 가지고 이곳에서 부동산 비즈니스를 하시게 된 계기가 궁금합니다. 명동의 어떤 장점 때문이었나요?

'위스테이'의 모델하우스를 짓기 위한 장소를 고민할 때, 우리의 고객(예비 입주자들)

더함의 '커뮤니티 하우스 마실'   출처_더함

이 쉽게 접근할 수 있는 지역에 모델하우스를 지어야겠다 생각했습니다. 일반적인 모델하우스는 대부분 아파트 단지가 조성되는 곳 인근에 짓고, 입주자 모집이 끝나면 철거하는 것이 관례였기 때문에, 명동에 커뮤니티를 위해 오래 활용할 수 있는 모델하우스를 짓겠다는 생각은 말도 안 되는 소리로 여겨졌습니다. 하지만 예비 입주자들이 입주 전부터 모여 커뮤니티를 이루길 바랐던 저희의 의도에 딱 부합하는 장소가 바로 명동이라고 확신했습니다. 명동은 서울의 중심지인 만큼 접근성이 굉장히 좋기 때문이지요.

마침 저희와 연이 있던 한국YWCA연합회에서 주차장으로 활용하던 나대지를 임대해주셨고, 그 공간에 '커뮤니티하우스 마실'이라는 이름의 모델하우스이자 커뮤니티를 위한 복합문화공간을 지으며 명동과의 인연이 시작되었습니다. 한국YWCA연합회와의 인연은 이후 명동을 혁신의 공간으로 바꿔보자는 '페이지 명동'의 기획으로까지 이어지게 되었고요.

Q. 외국인 관광객이 많던 명동은 코로나의 직격타를 받은 대표적 지역 중 하나지요. 건물들의 공실률도 상당했던 것으로 알고 있습니다. 최근의 명동은 어떤 분위기인가요?

2020년, 거짓말처럼 명동의 곳곳이 변하기 시작했습니다. TV에서 보던 북적이는 명동 거리는 다 옛말이 되었습니다. 사람이 찾지 않으니 공실이 생기고, 공실이 생기니 사람들이 더 찾지 않는 악순환이 반복됐습니다. 어제까지 영업하던 상점들이 하루아침에 사라지는 모습을 목격하며 이런 침체기가 언제 끝날지 까마득하기만 했습니다.

하지만 감사하게도 작년에 저희가 카페 '헬로에클레시아'와 공동으로 기획했던 에스프레소 바 '몰또'가 명동성당과 남산타워를 동시에 조망할 수 있는 이색적인 뷰로 입소문을 타기 시작했고, 자연스럽게 명동에 2030세대 젊은 층이 방문하기 시작했습니다. 코로나 이전까지는 명동이 주로 해외 관광객과 중장년층이 찾던 지역으로 인식되었던 터라 명동 초입에 위치한 몰또에 2030세대가 방문하는 모습은 신선한 풍경이었습니다. 그리고 뒤이어 명동에 위치한 백화점 본점들이 연말을 맞아 미디어파사드(건물 외벽에 조명을 비춰 영상을 표현하는 것)로 외벽에 특별한 연출을 했는데요. 덕분에 크리스마스와 연말을 즐기려는 분들로 북적이는 명동의 모습을 오랜만에 볼 수 있었습니다.

현재는 이러한 새로운 유입 인구에 해외 관광객 인파까지 더해지며 예전의 활력을 조금씩 되찾는 중입니다. 하지만 코로나 이전과 똑같은 모습으로 회귀하지는 않았으면 하는 바람이 있습니다. 1970~1980년대의 명동처럼 다양한 문화적 정취를 느낄 수 있고, 사람들이 삼삼오오 모여 문화와 예술을 논할 수 있는 공간으로 변화한다면 좋겠습니다.

Q. 명동의 랜드마크로 자리 잡은 '페이지 명동'을 기획하셨다고 들었습니다. '커뮤

니티 타운'이라는 정체성을 가진 공간으로 알고 있는데요. 어떤 의도로 기획된 곳

이고, 이곳에서 어떤 특별한 활동이 이루어지는지 궁금합니다.

'페이지 명동'은 1967년에 준공된 한국YWCA연합회의 건물을 재생건축 방식으로

리모델링하고 기획해 오픈한 공간입니다. 앞서 말씀드린 것처럼 굉장히 상업화된

도심 내에 새로운 시대적 가치를 제안하고, 사회혁신가들과 함께 도심 내 변화를

이끌어내기 위해 기획된 공간입니다. 지금이 완성형이라고 할 수는 없지만 명동이라는 지역을 품고 오랫동안 활동해온 사람들, 혁신기업들과 함께 명동을 새로운 분위기로 만들어가기 위해 노력하고 있습니다. 임대할 공간을 줄이고 나무를 심어 쉴수 있는 공간을 조성하는 것, 조성한 공간을 시민들에게 개방하고 휴식을 누릴 수있게 하는 것, 상업화의 중심지에서 공공의 공간을 만들고 다양한 이들과 나누는 것 등이 더함의 특별한 활동이라고 할 수 있겠습니다.

Q. '페이지 명동'은 도시와 로컬의 이면을 들여다보는 '이면도로 프로젝트'를 진행했었지요. 명동의 노포들을 취재하셨다고 들었는데 왜 이런 프로젝트를 시작하게되셨는지, 구체적인 내용은 어땠는지 궁금합니다.

'페이지 명동'을 기획하면서 명동의 변화를 위해서는 누구보다도 우리가 먼저 명동을 잘 알아야 한다는 생각을 하게 되었습니다. 명동은 시대의 흐름 속에서 늘 중심에 있었던 지역이기 때문에 각 시대마다 굵직한 사연을 품고 있습니다. 이를 두고저희는 '레이어가 쌓여 있다'라고 표현하는데요. 그 레이어 안에 있는 사람들이 궁금했습니다. 또 앞으로 레이어를 쌓아갈 사람들이 궁금했고요. 오랫동안 명동을 지켜온 분들과 명동에서 첫발을 내딛은 분들을 조명하고 그들과 연대할 수 있다면 명동의 변화에도 도움이 되리라 생각했습니다. 취재 과정에서, 많은 분들이 다양한문화와 생각이 공존하던 역동적인 명동을 그리워하신다는 걸 알게 됐습니다. 명동의 재생을 위해서는 '다양성'을 회복하는 것이 무엇보다 중요하단 생각을 하게 됐지요. 코로나 이후 명동 회복의 관건은 '외국인 관광객과 내국인 모두가 함께할 수 있는 지역'으로 변화하는지 여부에 있을 것 같습니다.

Q. 명동에 있는 '나만 알고 싶은' 공간을 하나 소개해주신다면 어디가 있을까요?

모두가 명동에 있다는 걸 알지만 제대로 가본 사람은 그리 많지 않은 '명동성당'을 소개하고 싶습니다. 일상이 정신없이 바쁘고 마음이 복잡할 때, 점심식사 이후 산책하듯이 명동성당을 한 바퀴 돌고 나면 이유 없이 마음이 평온해질 때가 있습니다. 여기에 더해 '페이지 명동' 3층과 7층의 테라스 공간도 추천드리고 싶은데요. 가벼운 산책 후 이곳에서 명동성당을 바라보며 에스프레소를 마시고 있으면, 일상 중에도 잠시 여행하고 있는 듯한 기분을 느끼실 수 있을 겁니다.

⑤ 한남동·이태원_이색적인 경험을 소비하는 취향의 공간

서울 핫 플레이스 분석을 보면 이태원역에서 한강진역 방향으로 이어지는 이른바 '한남동 상권'은 강했지만, 녹사평역과 이태원 상권 및 경리단길 상권은 비교적 침체된 것으로 나타났다. 크게는 같은 상권으로 분류되는 두 지역의 희비가 엇갈렸다.

코로나로 인해 집에 있는 시간이 늘어남에 따라 해외여행보다도 집과 동네에 대한 관심이 증폭되었다. 고급 연립주택과 외교관저가 즐비한 한남동은 자연스럽게 '가장 좋은 주거지의 표본'인 동시에 '서울에서 외국을 다녀온 듯한 기분을 낼 수 있는 동네'로 이목이 쏠렸다.

1세대 내추럴 와인 바 '빅라이츠'   출처_빅라이츠 인스타그램

한남동에 MZ세대의 유입이 상당했었던 것은 한남동의 자체 수요로 인한 유명 패션 브랜드 매장과 갤러리 외에도 다양한 경험 소비 공간들이 등장했기 때문이다. 한남동은 특히 에스프레소 바 외에 새로운 핫 플레이스의 키워드로 떠오르고 있는 '내추럴 와인'의 1세대 정착지다. 내추럴 와인은 화학비료, 농약, 제초제를 전혀 쓰지 않고 제조하는 친환경 와인이다. 이는 친환경 소비를 추구하는 MZ세대의 호기심을 불러일으키며 삼청동, 삼각지, 성수동 일대로 유행이 확산되고 있는 추세다. 1세대 내추럴 와인 바로 불리는 '빅라이츠', 미슐랭 스타를 받은 소규모 파인다이닝 레스토랑 등 골목의 가게들은 대부분 예약제로 운영하며 코로나의 영향을 피해갔다.

한편 이태원은 코로나의 직격탄을 맞았던 가장 대표적인 지역 중하나였다. 클럽발 코로나 감염 사태가 일어난 분기에는 상가 공실률이 27%까지 치솟았다.[38] 이 기간 중 이태원에 들어선 주목할 만한 곳은 이태원 해방촌에 오픈한 서점 '그래픽'이다. 간판과 창문 하나 없고 조각 케이크를 연상시키는 외관을 한 그래픽은 '경리단 구겐하임'이라는 애칭으로 불리며 새로운 오픈런 성지로 자리 잡는 데 성공했다. 이곳은 그래픽 노블, 만화, 아트북을 전문으로 하는 서점인데, 책에 대한 집중도를 높이기 위해 15,000원의 입장료를 받는다. 그럼에도 '책'과 '바(bar)'라는 클래식한 콘텐츠의 조합으로 제3의 유희 공간을 성공적으로 만들어냈다.

이태원 서점 '그래픽' 내부

　이태원·한남동 일대는 예상치 못한 대통령 집무실 용산 이전과 함께 용산공원의 개방이라는 큰 호재를 기다리고 있다. 기존에 섬처럼 고립되어 있던 용산과 이태원, 한남동은 거대한 공원을 중심으로 서울에서 가장 고급스러움을 추구하고, 동시에 다양성을 중시하는 취향을 가진 사람들이 찾는 신상권으로 통합될 가능성이 크다.

　부동산원에 따르면 이태원 상권의 소규모 상가 임대료는 56,000원/m²에서 63,400원/m²로 소폭 상승했으며 공실률은 한때 30%까지 치솟았으나, 2022년 봄 이후 엔데믹 상황이 되면서 공실이 빠르게 줄어들고 있다.

1세대 상권이 부활하다

핵심은 '제1세대 상권의 부활'이다. 20세기 초중반 문화주택 단지를 기반으로 한 고급 주거지이자 쌀 유통의 허브였던 '신당동'이 몇십 년 만에 독특한 지역 자원을 바탕으로 부활하고 있다. 그리고 전국의 상권에 '로데오'라는 이름을 붙일 만큼 흥했으나 정작 본인은 장장 25년간 쇠락의 길에 빠졌던 '압구정 도산공원' 일대의 변화는 코로나 이전 아무도 생각지 못했던 일이다. 또 2020년 초반까지만 해도 엄청난 인파가 몰리다가 결정적 한방을 맞고 2021년 절대 침체의 한가운데에 빠졌던 '이태원' 역시 저렴해진 임대료와 대통령실 이주라는 수혜로 다시 부활 중이다. '북촌'은 청와대가 대중에게 개방되며 새로운 유동인구가 유입됐고, 지역 콘텐츠를 기반으로 익선동에 빼앗겼던 수요를 되찾을 준비를 하고 있다. '명동'은 여전히 힘든 부분이 있지만 외국인 관광 중심지였던 지역에 새로운 자원이 들어오며 활기가 살아나고 있다.

20세기의 핫 플레이스인 신당동, 압구정동, 명동 그리고 21세기의 핫 플레이스 북촌과 이태원 등은 모두 심한 부침을 겪었던 제1세대 핫 플레이스다. 다시 비상 중인 이 지역들에 관심을 가져야 할 때다.

4

2023년 핫 플레이스
_전국편

동해안은 지난 5년간 외지인 유입이 폭발적으로 늘어났다. 이러한 유입의 증가는 수도권과 동해안을 연결하는 고속도로, 고속철도(KTX) 등 다양한 교통 인프라가 구축되면서 더욱 가속화되었다. 동해안은 수도권 소비자들의 도시적 소비 코드를 충족시킬 수 있는 지역으로 각광받고 있다.

포스트 코로나 최고의 핫 플레이스는?

서울의 핫 플레이스를 살펴본 것과 유사한 방법으로 행정안전부에서 제공하는 전국의 F&B 창폐업 자료를 분석했다. 서울 핫 플레이스는 각 격자에 위치한 가게들의 누적 창업수를 살펴봤던 반면, 전국 단위의 분석은 시간의 경과에 따른 코로나의 영향을 파악하기 위해 코로나 전후로 시군구 단위당 주민등록인구 대비 창업률을 살펴봤다. 2018년 1월 1일부터 2021년 12월 31일까지 4년 동안 누적된 약 265,700건의 인허가 데이터를 GIS를 활용해 분석했고, 시군구 단위로 창업건수를 해당 지역 인구수로 나눠 표준화했다. 결과는 306p의 그림과 같다.

서울에서는 중구, 강남구, 용산구, 마포구 등이 상위권으로 나타났다. 내륙 지방의 경우 광역시를 중심으로 창업수가 활발했으나 코로나 기간 중인 2020년과 2021년에는 인구당 창업수가 점점 줄어드는(색이 옅어지는) 것을 확인할 수 있다. 이를 제외한 비서울 권역은 제주와 동해안 일대가 코로나 이후에도 특히 두드러졌다.

제주와 동해안 권역에서 고려할 중요한 사항은 해당 지역이 넓어 권역의 핵심이 어디인가를 파악하는 것이다. 사람들은 여행 중 한 지역에 베이스캠프를 차리고 주변을 돌아다니는 경우, 교통의 핵심 지역에 이를 위치시키고자 한다. 동해안에서 베이스캠프가 되는 지역은 KTX가 정차하는 '강릉'이다. 그리고 제주도는 제주공항이 있

전국 주민등록인구 대비 창업률 추이(2018~2021년)

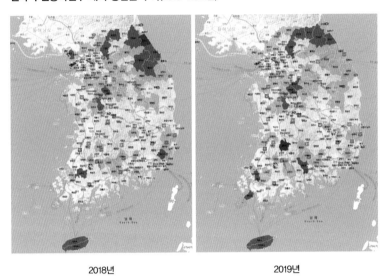

2018년

2019년

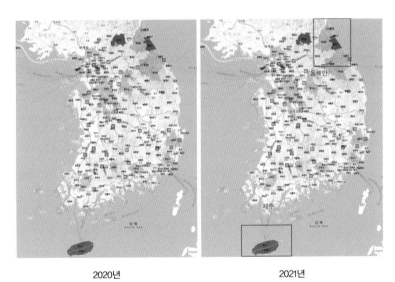

2020년

2021년

는 제주 구도심, 특히 관광객이라면 한 번은 방문하는 제주 동문시장 인근이다. 지금부터 자세히 살펴보도록 하겠다.

⑥ 제주_푸른 바다와 '로컬'의 매력

코로나로 인해 해외 여행길이 막히면서 내국인의 발걸음은 제주에 더욱 집중되었다. 통계에 따르면 사회적 거리두기로 긴장감이 극심했던 2021년, 제주도 관광객 수는 약 1,200만 명으로 집계되었다. 비록 2019년도의 수준(약 1,500만 명)보다는 낮지만 코로나가 처음 발생한 2020년도의 1,000만 명에 비하면 17% 증가한 것이다. 2021년의 경우 외국인 관광객이 전년 대비 77.3% 감소한 반면, 내국인은 19% 증가했다.[39] 6박 이상 숙박하는 장기체류 상품인 '한 달 살이'나 '롱스테이', 독채를 빌려서 머무는 '프라이빗 스테이'도 인기를 얻었다.

제주도로 이주하는 인구도 꾸준히 늘어왔다. 이는 2010년대 초반부터 등장한 저가항공의 증가로 접근성이 매우 좋아졌기 때문이다. 항공편 공급이 폭발적으로 늘면서 수요가 따라왔다. 김포-제주 노선은 전 세계에서 하루에 가장 많은 항공편이 오가는 항공길 중 하나가 되었다.[40]

제주 지역의 주택과 토지를 사들이는 외지인의 수요 또한 여전히 높게 나타나고 있다. 2021년에는 외지인의 제주도 부동산 매입 비중이 역대 최고치(29%)를 갱신했다.[41] 제주도에 방문 혹은 거주하려는 사람들이 꾸준히 증가하고 있는 데는 다양한 요인이 있지만 그중 가장 핵심적인 이유는 제주도가 한국의 다른 지역이 따라오기 힘들 만큼 휴양여행지로서 위상이 높고, 여행 콘텐츠의 층이 풍부해졌기 때문이라고 볼 수 있다.

제주도 전체에서 허브가 되는 곳은 제주 구도심 동문시장 일대다. 동문시장은 많은 관광객들이 찾는 곳으로, 제주를 떠나기 전 선물을 구입하는 대표적인 장소다. 이곳의 야시장은 코로나 이전에 방문객 수와 매출 기준 전국 1등을 차지했고, 2020년 이후에도 많은 사람들이 방문하고 있다.[42]

동문시장이 위치한 제주 구도심은 다양한 장점을 갖고 있다. 우선 '공항 접근성'이 매우 좋다. 공항으로부터 차로 15분 안에 도심에 도달할 수 있으며 제주 동쪽과 서쪽으로 가는 대중교통의 중앙 역할을 수행한다.

그리고 이곳에는 산지천이라는 복개천(도시화 과정에서 하천을 매립하거나 지상 인프라를 이용해 숨기는 것)이 흐른다. 산지천은 도심을 관통하는 하천으로 한라산 중턱부터 구도심과 동문시장을 거쳐 해안으로 이른다. 도시하천 중 최초의 복개 사례인 산지천은 청계천 복원에 아이디어를 제공했다. 산지천 주변, 특히 동문시장에서 한라산

방향은 도심 안에 협곡의 형태를 보여줄 만큼 대단한 풍광을 자랑한다. 또한, 동문시장부터 해안까지 이르는 산지천 오른편에는 1950년대 이후 근대적 양식의 건물들이 나란히 있다. 비록 건물이 비워져 있고 건물을 살리는 매력적인 콘텐츠가 없다는 한계는 있으나 이들 건물은 차별적 도시 경관을 제공하고 있다.

　다만 주변의 오수가 산지천으로 유입되면서 환경문제를 일으키는 점 그리고 구도심이 쇠퇴하면서 도심공동화 현상이 발생하는 점

제주민속자연사박물관 인근의 산지천 모습

산지천 인근 근대적 양식의 건물들

으로 인해, 제주민들에게 구도심과 산지천 주변은 매력적인 곳으로 여겨지지 않는다. 그러나 외지인의 눈으로 볼 때 차별적인 건물들과 풍경 속으로 제주 로컬의 콘텐츠가 들어가는 경우 이곳에 상당한 변화가 일어날 것이라 기대할 수 있다.

제주도에는 매우 많은 명소가 존재한다. 이 책에서는 아직 많은 사람들에게 알려지지 않았으며 제주 로컬 감성이 묻어 있는 두 곳을 소개하고자 한다. 지역에 대한 설명을 위해 현지에서 빈집 재생 사업을 하는 도시재생 스타트업 '다자요'의 조언과 도움을 구했다.

북촌리, 함덕과 김녕 사이 제주의 숨은 비경

북촌리는 공항에서 직선거리로 20킬로미터 정도 떨어진, 차로 40분 정도면 갈 수 있는 마을이다. 예전에는 규모 있는 마을이었다고 하나 인근의 함덕해수욕장에 비해 외지인들에게 많이 알려진 지역은 아니다. 서쪽으로 함덕해수욕장, 동쪽으로 김녕해수욕장과 월정리가 있는 곳에 위치한 이 마을은 해안도로가 관통하지 않았기 때문에 개발이 덜 진행되었다. 잘 정돈되거나 화려하지 않은 포구의 모습, 지하의 용천수가 나와 맑은 물이 흐르는 웅덩이, 과거 상수도가 발달하지 않았을 때 사용되던 빨래터와 목욕탕 등 제주 로컬의 담백한 모습을 보여주는 마을이다. 동시에 5분 거리에 유명 관광지인 함

바다 뷰로 유명세를 얻고 있는 북촌리의 베이커리 카페 '아라파파' 출처_아라파파

덕해수욕장이 있어 일상의 편리함(음식 배달 및 편의시설)을 충분히 누릴 수도 있다.

북촌리는 현재 '아라파파'라는 베이커리 카페가 바다뷰로 유명세를 타고 있으며, 제주 해녀가 직접 잡은 재료로 음식을 제공하는 식당인 '해녀의 부엌' 2호점도 인기다.

북촌리의 또 다른 매력은 해안에서 400미터 거리 앞바다에 있는 물개를 닮았다는 섬 '다려도'다. 다려도는 현무암으로 이루어진 바위섬으로 여러 작은 섬이 모여 만들어졌다. 과거에는 주민들이 수영하며 노는 장소로 여겨졌으나, 낚시꾼들이 많아지면서 환경오염 문제가 발생해 현재는 어촌계의 허락을 받아야 갈 수 있다.

북촌리의 현무암 바위섬 다려도　　　　　　　　출처_다자요

월령리, 해안도로가 지나지 않는 고즈넉한 시골 마을

월령리는 제주 한림읍의 서쪽 끝에 위치한 마을로 제주공항에서 직선거리 30킬로미터, 차로 1시간 정도 소요되는 거리에 있다. 북촌리와 마찬가지로 해안도로가 관통하지 않는다. 같은 이유로 개발에서 상대적으로 소외되었기에, 여전히 본래의 제주다운 고즈넉한 느낌을 간직하고 있다.

또한 이곳은 해류를 따라 멕시코에서 떠내려온 선인장이 자생하

제주의 해변 마을 월령리 풍경 출처_다자요

는데, 돌담에도 우영밭(텃밭의 제주 방언)에도 해변에도 온통 선인장이 한가득 있다.

월령리는 제주 올레길 14코스가 지나는데, 2017년도 tvN의 〈강식당〉이 방영되면서 짧은 유명세를 타기도 했다. 푸른 바다와 작은 포구, 포구 반대편의 아주 작은(정말 작아서 모래해변이라 불리기도 어려운) 해변과 잔디밭이 주는 풍경이 아름다운 곳으로, 번잡한 곳을 피하고 싶은 캠핑족들에게 매력적인 장소다.

캠핑을 즐길 수 있는 월령리 잔디밭　　　　　　　　　　출처_다자요

Interview

빈집에 새 삶을 불어넣는 재생 프로젝트

남성준

(다자요 대표)

Q. 다자요는 어떤 회사인가요? 소개를 부탁드립니다.

다자요는 쓸모없다고 여겨지는 공간을 가치 있게 재생하고, 그 공간을 바탕으로 동네를 이롭게 만들려는 회사입니다. 실제로 농어촌 지역의 빈집, 특히 고향집이라서 팔지 않아 문제가 되는 집들을 장기 무상임대 받아 재생하고 여행객들에게 숙박을 제공하는 일을 하고 있습니다. 빈집 재생 숙박업은 현재 우리나라 법에 없지만 지역에 유용한 사업모델로 인정받아 규제 샌드박스(새로운 서비스가 출시될 때 일정 기간 기존의 규제를 면제, 유예시켜주는 제도)의 실증특례 중입니다.

Q. 빈집을 재생한다니 인상적입니다. 다자요가 공간을 운영 중인 월령리와 북촌리는 제주에서도 잘 알려지지 않은 지역인 것 같은데 이곳의 매력은 무엇인가요?

월령리와 북촌리는 모두 주변에 협재, 함덕 같은 에메랄드 빛 바다와 야자나무를 볼 수 있는 제주의 유명한 해변이 있는 지역입니다. 하지만 유명한 관광지 바로 옆,

다자요의 월령리 빈집 재생도면과 실제 집   출처_다자요

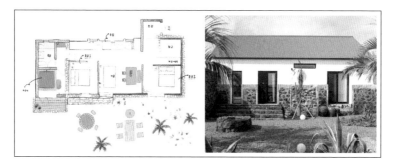

누구나 지나치기 쉬운 위치에서 조용히 제 자리를 지키고 있어 이곳에서는 진짜 제주를 경험할 수 있습니다. 이웃 할머니가 제주 방언으로 말을 걸고 초등학생들이 어른을 보고 인사하는 시골 제주의 모습을요.

Q. 외지인들이 이런 지역에 와서 어떤 점을 좋아하나요?

개발되어 붐비는 제주만을 경험하다가 처음으로 조용하고 한적한 시골 제주를 맞이하는 경험 자체를 좋아해주시는 분들이 많습니다. 슬리퍼를 신고 동네를 산책하고, 인스타 핫 플레이스가 아닌 식당을 가고, 점빵(동네 작은 슈퍼)에서 아이스크림을 먹고, 가만히 동네 어귀에서 해가 넘어가는 장면을 보는 경험들이요. 그리고 무엇보다 도심에서는 볼 수 없는 쏟아지는 밤하늘 별빛과 조용한 마을의 일상을 좋아해주십니다.

Q. 제주만의 콘텐츠를 만들기 위해 어떤 노력을 하고 있으신가요?

항상 그럴 수는 없지만, 최대한 기존의 집에서 나온 자재와 빈집 주변의 나무, 식물 등을 그대로 살리려고 합니다. 무엇이 잡초이고 무엇이 화초인지 구분하지 않아요.

전문가가 아닌 이상 보통 사람들의 눈에는 그 모든 것이 들꽃이고 자연이니까요. 그리고 되도록 집에 그 집의 역사와 집주인의 이야기를 집어넣으려고 합니다. 거기에 더해 스토리에 엿보고 싶은 타인의 취향까지 넣으려고 노력 중입니다. 제주라는 콘텐츠뿐만 아니라 콘텐츠를 만드는 '과정' 자체를 콘텐츠화하는 것이지요.

Q. 일(work)과 휴가(vacation)의 합성어로 일과 휴가를 동시에 즐기는 '워케이션'이 대두되고 있습니다. 새로운 라이프스타일이 가미된 신선한 형태의 워케이션 공간이 나올 것으로 보시나요?

저는 집과 일터와 여행지의 경계가 사라지고 있다고 봅니다. 이미 사람들은 디지털노마드(디지털 기기를 이용해 공간 제약 없이 재택, 이동 근무를 하며 생활하는 사람)나 '한 달 살기' 등의 트렌드를 통해 다양한 공간에서의 일 경험과 집을 떠나 장기적으로 살아보는 경험을 했습니다. 코로나로 일에 대한 고정관념이 근무자뿐만 아니라 회사

다자요의 북촌포구집 내부   출처_다자요

에서도 깨지고 있어 전과 같은 듯 다른 형태의 워케이션 공간이 나올 것으로 보고 있습니다.

현재 코워킹스페이스co-working space에 대한 고민들이 있습니다. 워케이션에서는 숙소, 특히 개인 공간을 중시하는 독채와 독실 개념이 중요합니다. 거기에 특별한 워케이션 공간 경험을 주는 시설이 더해진다면 단순히 집합 중심 건물에서의 워케이션이 아닌 마을 단위의 공간이 나올 것으로 기대 중입니다.

Q 월령리와 북촌리에서 빈집을 재생하며 느끼신 점이나 보람이 있다면 무엇일까요?

대단한 역사가 아니더라도 한 마을이, 한 개인이, 한 집이 가지고 있는 시간이 존중받는 느낌을 받습니다. 여기 마을에서도 다자요를 단순한 숙박 시설로 보지 않으시고 많은 격려를 해주십니다. 이 공간을 통해 개발이 아닌 '재생'에 대해 생각하는 방향으로 주민들의 인식이 바뀌는 걸 보며 보람을 느끼고 있습니다.

다자요의 북촌포구집 외부   출처_다자요

제주의 가치를 간직하는 원도심의 매력

$$\boxed{\text{옥경미}}$$

(더제이드호텔 대표)

Q. 원도심은 과거 제주의 명동이라 불릴 만큼 핫 플레이스였지만 유흥업소가 성행하고 노숙인이 증가하는 등의 문제를 겪었다고 들었습니다. 안정적인 직장을 그만두면서까지 이 지역에서 호텔 사업을 시작하시게 된 계기가 궁금합니다.

제주가 고향이긴 하지만 서울에서 대학을 나오고 그곳에서 쭉 직장생활을 했습니다. 그때까지만 해도 호텔 사장님이 될 줄은 꿈에도 몰랐습니다. 현재 '더제이드호텔'로 재탄생한 옛 '옥림장여관'은 1971년부터 운영된 제주 최초의 현대식 여관이었습니다. 이북에서 월남한 저희 아버지의 피와 땀이 서린 건물이지요. 처음에는 직접 운영을 하기보다 운영업자에게 임대해 어느 정도 건물 값이 오르면 팔고 나가야겠다는 마음이 있었습니다. 하지만 운영업자의 도산으로 옥림장이 이 동네의 흉물이 되는 것을 보고만 있을 수는 없었습니다. 개인적인 이유가 더해져 시작하게 된 호텔이지만 지금은 결국 잘 꾸려나가겠다는 마음으로 호텔의 운영에 적극적으로 참여하게 되었습니다.

Q. 아무리 기업을 승계한다 해도 현재의 원도심은 사업을 하기에 녹록치 않은 조건이 많을 것 같습니다. 그럼에도 이 지역에서 어떤 장점과 매력을 보셨나요?

'썩어도 준치'라는 말이 있지요. 제게 제주 원도심의 매력이 그렇습니다. 지금의 개발된 산지천에 대해서는 아쉬움이 있기는 해도, 원래 산지천을 포함한 원도심에는 자연과 삶이 함께하는 묘한 매력이 있습니다. 지금은 그런 흔적들이 많은 부분 훼손되었지만, 제주 신도심(노형동 등)에서는 찾아볼 수 없는 것들이 곳곳에 존재하고 있습니다. 4·3 사건의 가슴 아픈 현장이었던 관덕정, 일제강점기에 오일 장터가 열렸던 곳, 예나 지금이나 제주 최대의 시장인 동문시장 등이 그렇지요.

산지천 인근은 제주 내 교통의 중심지입니다. 세계에서도 비슷한 사례를 찾아보기 힘들 정도로 항구와 공항이 최단거리에 있는 도시이지요. 이처럼 교통이 발달한 데다 역사도 있고, 큰 시장도 발달한 제주 구도심의 매력을 살린다면 앞으로도 이곳이 충분히 성장할 것으로 보고 있습니다. 여기에 더해 제도적으로 이곳을 자세히 바라보고 혁신하려는 시도 역시 도심이 발전하는 데 필요한 또 하나의 중요한 요소가 될 것으로 생각합니다.

Q. 국내 여행객이 많은 제주라도 코로나 이후 외국인 여행객이 사라지며 관광산업에 타격이 컸을 것 같습니다. 현지의 분위기는 어땠나요?

현재 제가 운영 중인 호텔은 코로나와 함께 건축을 시작했고, 상황이 가장 극심했던 2020년 11월에 오픈했습니다. 운영을 시작하자마자 적자가 수천만 원 쌓였고, 정부에서 주는 방역지원금으로 은행 이자를 급급히 내며 지인에게 개인적으로 다달이 운영자금을 꿀 정도로 상황이 안 좋았습니다. 그러나 우리 호텔이 오픈하면서 이 골목이 변하고 있다는 게 분명히 느껴졌습니다. 폐허가 된 건물이 줄을 잇고 노숙인들이 모이던 거리가 점차 매력 있는 곳으로 변해갔습니다. 그래서 힘든 와중에도 버틸 수 있었습니다.

코로나가 전국적으로 재유행하며 사업적으로 두 번째 고비를 겪었을 때는 과연 제주도라는 섬이 사람들에게 가치가 있는지, 성공할 가능성이 있는지 보다 근본적인 고민을 했습니다. 그 과정에서 5년 치 관광 데이터를 분석해 제주가 내국인에게도 고정 수요가 있다는 확신을 얻었고, 이후 외국인 관광객들이 다시 찾게 돼도 충분한 상품 가치를 만들어 낼 수 있다는 가능성을 발견했습니다.

Q. 동문시장 건너편 건물에서 새로운 베이커리를 준비 중이시라고 들었습니다. 어떻게 그곳에서 사업을 기획하시게 됐는지 궁금합니다.

가게를 내려고 하는 자리는 오래 전부터 동문로터리를 대표하는 건물이었습니다. 많은 가게들이 거쳐 갔고 최근까지는 침구를 파는 오래된 가게가 있었습니다. 장사라 함은 목이 좋아야 합니다. 현재 그 건물의 위치는 자리 자체가 광고이며, 바이럴을 일으킬 수 있다고 봤습니다. 저는 사업이란 핵심 기술과 영업력(마케팅), 자본이 있으면 성공할 수 있다고 봅니다. 제게는 지금 베이킹 기술과 사업경험, 좋은 목의 점포가 있습니다. 베이커리 제품 개발을 하는 데 시간은 들지라도 일단 메뉴가 잘 개발된다면 성공할 가능성이 있다고 봤습니다. 잘만 하면 동문시장의 명물이 될 가능성이 큰 자리라 생각하고 있습니다.

Q. 제주의 콘텐츠를 사람들이 어떻게 평가한다고 보시나요? 정말 제주다운 콘텐츠란 무엇이라 생각하시는지도 궁금합니다.

일부 사람들은 '환상의 섬'으로 표현되는, 왜곡되고 만들어진 제주의 이미지를 가지고 있는 듯합니다. 사업자들 역시 그런 왜곡된 이미지로 개발을 하고, 사업을 하지요. 그런 콘텐츠는 대개 하와이, 사이판 등의 휴양지와 차별화되지 않는 관광으로 이어집니다. 저 역시 제주에서 호텔 사업을 하는 사람으로서 정말 제주다운 콘텐츠는 없는 것인지 고민이 됩니다.

제주도는 자연경관이 아름답습니다. 그러나 그 자연경관을 감상하는 방법이 너무 상업적입니다. 해변에는 통창이 있는 펜션이 즐비하고, 아름다운 해안도로는 우후죽순 생기는 카페로 몸살을 앓고 있습니다. 통창이 있는 방에서 바다를 감상하고 예쁜 카페에서 노을이 지는 것을 보는 게 과연 제주답다고 할 수 있는지 모르겠습니다. 물론 사업성을 위해서는 여행객들이 원하는 상품을 만들어야겠지만, 제주의 아름다움과 원도심의 가치가 표현되어 진정 제주를 이해하고 제주라는 섬의 가치를 귀하게 여기는 이들이 이곳에 더 많이 왔으면 하는 바람이 있습니다. 또 그 가치를 온전히 전할 수 있는 많은 사업들이 기획되었으면 합니다.

제주 원도심인 동문시장 앞 삼거리

출처_더제이드호텔 홈페이지

⑦ 동해안_서핑과 커피를 즐기는 트렌디한 휴양지

전국 단위의 창업 데이터를 분석해 소개할 두 번째 지역은 동해안 (강릉-양양-속초)이다. 동해안은 지난 5년간 외지인 유입이 폭발적으로 늘어났다. 이러한 유입의 증가는 수도권과 동해안을 연결하는 고속도로, 고속철도(KTX) 등 다양한 교통 인프라가 구축되며 더욱 가속화되었다. 특히 서울 중에서도 강남은 도심 내 고속터미널을 통해 동해안 접근성이 좋고, KTX를 이용할 경우 시내와 연결된 강릉역과 해변과 맞닿아 있는 정동진역으로 바로 갈 수 있어 물리적 접근성뿐만 아니라 심리적 접근성도 우수하다.

서울–강릉 KTX 노선도　　　　　　　　　　　출처_국토교통부

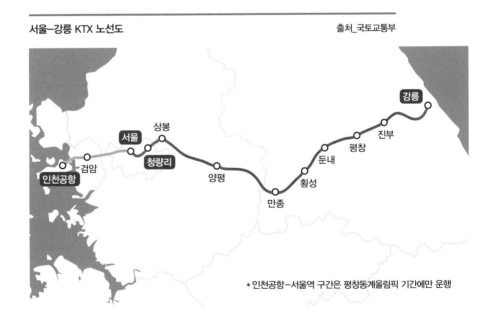

*인천공항–서울역 구간은 평창동계올림픽 기간에만 운행

동해안은 수려한 자연경관을 즐기는 동시에 다양한 활동(등산, 해안가 활동 등)이 가능해 오랫동안 국내에서 가장 사랑받는 휴양지 중 하나였다. 그러나 요즘의 동해안이 새롭게 주목받는 것은 다른 이유에서다. 바로 동해안이 수도권 소비자들의 도시적 소비 코드를 충족시킬 수 있는 지역으로 각광받고 있기 때문이다.

이러한 추세는 통계로도 잘 나타난다. 국토교통부에 따르면 2021년 4분기 강원도의 도내 토지 거래량은 전 분기 대비 20.9% 증가한 것으로 나타났다. 동해안의 토지 가격은 2018년 이후 하락세를 보였으나, 2020년 하반기 이후 강릉(2.21%), 속초(2.64%), 양양(2.25%), 고성(1.95%) 등 동해안 인접 4개 시군을 중심으로 오름세를 기록했다. 이는 비수도권 지역의 평균치인 1.53%을 크게 상회하는 결과다.[43]

양양, 떠오르는 서핑족의 성지

동해안의 인기를 특히 견인하고 있는 것은 양양의 '서핑 문화'다. 서핑을 체험하고 즐기는 것에 대한 대중적인 관심이 증가하면서 양양을 중심으로 한 서핑 인구가 약 10배 가까이 증가한 것으로 나타났다.[44] 서핑 문화는 '라이프스타일' 그 자체로 스포츠, 미식문화, 패션 등 다양한 요소들과 결합할 수 있다. 서퍼 문화의 핵심이 '지역주의'와 '환경주의'라는 점도 친환경 소비에 민감한 MZ세대의 니즈와 결합력이 좋다.

　양양 인구해변 앞 거리는 '양리단길'이라는 이름으로 불리며 수도권 관광객을 불러모으고 있다. 이곳에서 주중에는 조용한 음악을, 주말에는 신나는 클럽 음악을 즐길 수 있는데, 파티로 유명한 게스트하우스 '솔게스트하우스'를 비롯해 동남아 감성을 제대로 담아 화제가 된 카페 겸 펍 '플리즈웨잇' 등이 있다. 핫한 가게들과 양양의 서핑 스팟이 모여 있는 메인거리에는 서핑과 파티를 즐기기 위한 청춘들로 가득하다.

　바다와 인접해 서핑 문화가 자리 잡은 하광정리 일대는 과거 65세

양리단길에 위치한 카페 겸 펍 '플리즈웨잇'　　　　　　출처_플리즈웨잇

이상 인구 비율이 37%를 차지할 만큼 전국에서도 손에 꼽는 초고령 마을이었다. 하지만 서핑 명소로 입소문이 나기 시작하며 이제는 서핑을 중심으로 지역경제가 형성되고 있다. 서핑 공동체 마을로 변화하며 노후 건축물의 리모델링과 소규모 신축이 활발히 일어나는 중이다. 이곳에는 초기에 정착한 서퍼들의 서핑숍과 카페, 식당 등 생업을 하는 커뮤니티가 뿌리내렸고, 현재는 대기업의 브랜드 팝업스토어 등이 입점하는 등 자본이 유입되기 시작했다.

　실제로 부동산원 자료에 따르면 양양은 2021년 말 전월 대비 지가 상승률에서 전국 1위를 차지하기도 했다.[45]

강릉, 구도심의 이색적인 커피 명소들

강릉의 해안가는 횟집보다 고급 카페가 많을 정도로 '커피 문화'가 단단히 뿌리내린 지역이다. 전국의 인구 1만 명당 카페 수가 평균 14개인 데 반해 강릉은 이를 훨씬 웃도는 25개일 정도다.[46] 대한민국 1세대 바리스타 박이추의 '보헤미안' 커피와 2002년에 강릉 일대에 자리 잡은 '테라로사'가 대표적이다.

명주 시나미길은 고즈넉한 골목길 풍경을 따라 강릉 구도심을 경험하려는 사람들이 찾는 새로운 커피 명소로 주목받고 있다. 이 길목은 강원도 방언으로 '모르는 사이에 조금씩'이라는 뜻의 '시나미'를 붙여 '시나미 명주길'로도 불린다. 1940년대 지어진 방앗간을 개조한 '봉봉방앗간', 적산가옥을 개조해 만든 '오월커피', 오래된 주택을 개조한 '명주배롱', '칠커피' 등 다양한 공간이 다채롭게 활용되고 있다. 근처에는 옛 화교소학교, 임당동성당 등 강릉 구도심의 근대 건축 자산들도 풍부하다.

속초, 관광 열기로 뜨거워진 부동산 시장

속초는 강원도의 지리적인 특성상 해산물뿐만 아니라 산지의 식재료를 활용한 고유한 식문화가 발달했다. 동해안의 싱싱한 수산물과 특산물을 중심으로 한 다양한 음식문화는 동해안의 큰 자산이다. 해산물과 건어물, 강원 전통 음식을 경험하기 위해 찾는 재래시장을 중심으로 상권이 가장 크게 발달해 있다.

강릉 구도심의 조용한 골목 '명주 시나미길'

적산가옥을 개조해 만든 강릉의 '오월커피'

출처_오월커피

동해안의 수산물과 특산물을 즐길 수 있는 '속초관광수산시장' 출처_속초관광수산시장 블로그

세컨하우스 열풍으로 고급 리조트 신축이 이어지는 속초(속초하워드존슨 조감도)

출처_교보자산신탁

속초관광수산시장(전 속초중앙시장)은 무려 3,000평 규모로, 전국의 다른 시장과 비교하더라도 상당한 규모와 편리한 주차시설을 자랑한다. 이곳은 코로나로 축제가 사라진 강원도에서 핵심적인 '목적지' 역할을 했다.[47]

한편 속초는 고급 리조트 및 세컨하우스second house 신축 러시가 일어나고 있다. 특히 해외 자본을 중심으로 한 고급 리조트의 개발이 활발하다. 최근 경제력 있는 30~40대를 중심으로 다양한 숙박 문화를 경험하려는 '호캉스' 바람의 영향으로 보인다. 웰니스wellness 관광 트렌드를 반영한 숙박시설을 위주로, 지난 5년간 동해안 지역에 인허가가 난 숙박시설만 150개에 달한다.[48] 부동산원에 따르면 2021년 속초 토지 가격 상승률은 5.983%로 강원 지역 최고치를 기록했다.

《부동산 트렌드》 그 두 번째 이야기

작년 《부동산 트렌드 2022》에 이어 두 번째 책 《부동산 트렌드 2023》을 출간했다. 앞으로도 매년 이렇게 부동산에 관한 다양한 정보와 최신 동향을 책으로 전하려 한다. 필자는 '서울대 공유도시랩'을 이끌며 부동산 빅데이터를 분석하고 연구하고 있다. 여기에는 단순히 집값을 예측하는 차원을 뛰어넘어 도시의 지역경제와 사회적 가치까지 포괄하는 심층적인 부동산 시장 분석이 이루어진다. 그렇다 보니 연구 과정에서 생성되는 정보와 인사이트가 방대하다. 이 데이터를 내부적으로만 쌓아간다는 것이 아쉬워 보다 많은 사람과 공유할 수는 없을까 고민한 끝에 '책'이라는 수단을 선택했다. 물론 지금도 유튜브 채널과 부동산 오픈데이터 플랫폼 '부트캠프'를 통해 살아 있는 정보를 전하려 노력 중이지만, 책만큼 깊이 있게 지식을 다룰

수 있는 방법은 없다고 생각했다. 또 실물 종이책으로 매년 책장에 차례로 꽂아가는 보람이 있는 시리즈 도서를 만들고 싶은 욕심도 있었다. 결국 독자들과 계속 이 시장에서 함께 호흡하며 같이 공부해나가면 좋겠다는 마음으로 《부동산 트렌드》 시리즈를 기획하게 됐다. 이 책은 그 두 번째 결과물이다.

《부동산 트렌드》 시리즈의 처음을 여는 《부동산 트렌드 2022》에는 무엇보다 '기본'을 많이 담으려고 노력했다. 수업으로 치자면 1교시에 해당하는 책이다. 초보자를 위한 부동산 기초 개념부터 부동산 시장의 큰 흐름과 최신 트렌드까지 압축적으로 전했지만, 그럼에도 한 권의 책으로는 이 시장을 다 설명할 수 없었다. 그래서 매년 2교시, 3교시, 4교시를 차례로 이어가기로 했다. 《부동산 트렌드》가 시간이 흘러도 곁에 오래 남을 유용한 부동산 지식을 계속 전할 수 있다면, 그래서 책과 독자가 함께 성장해나갈 수 있는 시리즈가 된다면 더 바랄 게 없겠다.

부동산 시장은 역동적으로 변한다. 당장 2021년과 2022년만 놓고 보더라도 온도차가 하늘과 땅 차이다. 치솟는 집값에 웃던 사람들이 절망으로 돌아섰다. 부동산에 투자했든 하지 않았든 1년 새에 모두 처지가 바뀌었다. 부동산은 관련 규제와 세제부터 뜨는 동네, 유행하는 투자 방식까지 시시각각 바뀐다. 이런 부동산 시장의 단기적인 트렌드에 촉각을 세우고 따라가는 것도 중요한 능력일 것이다.

하지만 그 이전에 부동산 시장은 긴 사이클을 가지는 자산이라는 것을 알아야 한다. 거시적이고 장기적인 시각이 무엇보다 중요한 분야다. 매 건의 투자를 성공적으로 해내는 것만큼이나 중요한 것이 이 시장의 근본적인 작동 원리를 아는 것이다. '부동산 기본기'라고도 할 수 있겠다. 지금처럼 물가상승률이나 금리 같은 경제지표가 움직일 때 부동산 시장의 각 요소는 어떤 영향을 받는지, 또 과거 비슷한 현상이 일어났을 때 부동산 가격과 투자자들의 심리는 어떻게 반응했는지 등을 꾸준히 복기해야 한다. 부동산의 근본 원리에 대한 공부는 아무리 강조해도 부족하지 않다. 결국 부동산 투자는 장단기적 시각이 모두 필요한, 종합적인 판단이다.

부동산 투자를 잘하고 싶다면 시장에 대해 꾸준하고 폭 넓은 관심을 가져야 한다. 조급해하지 않고 긴 호흡으로 공부한다면 언젠가 부동산 시장의 거대한 사이클과 원리까지 한눈에 꿰차는 날이 올 것이다. 지식들이 쌓이다 마침내 퍼즐이 맞춰지는 것처럼 말이다. 그 긴 여정에서 《부동산 트렌드》 시리즈가 독자 여러분에게 든든한 길잡이가 되어줄 수 있기를 바란다.

《부동산 트렌드 2023》 출간을 기념해 독자분들께 '김경민 연구소 멤버십 NFT'를 드립니다. NFT 멤버에게는 '서울대 공유도시랩'의 분석 보고서와 데이터 등의 혜택이 제공됩니다.

김경민 연구소 멤버십 NFT

1 "매달 10%씩 치솟아… 대통령 오판이 자초한 미친 집값 1위 국가", 〈조선일보〉, 2022.07.03.

2 "파월, 美 경기후퇴 우려에 '물가 못 잡으면 더 큰일'", 〈조선일보〉, 2022.06.30.

3 "맨해튼 아파트 월세 1년 새 42% 폭등… 세입자들 '미쳤다' 비명[글로벌 현장을 가다]", 〈동아일보〉, 2022.07.14.

4 "'40% 올리겠소' 뉴욕도 베를린도 서러운 월세살이", 〈조선일보〉, 2022.05.12.

5 "'甲물주' 시대 끝? 꼬마빌딩, 강남 부자들도 손절나선 까닭", 〈동아일보〉, 2022.04.07.

6 "'역시 한남더힐'…7년째 아파트 최고가 기록", 〈한국경제〉, 2021.02.15.

7 "6배로 커진 리모델링 시장… 올해도 건설사 혈투 '예고'", 〈조선비즈〉, 2022.01.06.

8 "국토부-서울시, 공공주도 가로주택정비사업 본격 추진", 〈아시아경제〉, 2020.03.11.

9 "'센트레빌 아스테리움 영등포' 1순위 청약 경쟁률 200대 1", 〈한경 집코노미〉, 2022.02.23.

10 "중국 '경제 회복 기반 견고하지 않아'…19개 추가 안정 대책 발표", 〈경향신문〉, 2022.08.25.

11 "오세훈 '피눈물' 드디어 닦일까…세운지구 3,700가구 복합개발", 〈매일경제〉, 2022.04.05.

12 "'40㎡ 상가에 권리금 1억' 성수동, 팬데믹 속 공실률 '0'의 기적", 〈헤럴드경제〉, 2022.01.13.

13 "서초구 양재천길 클래식 즐기는 고품격 상권 변신", 〈아시아경제〉, 2022.05.01.

14 "무산위기에서 되살아난 용산 개발… '단군 이래 최대' 위용 되찾을까", 〈조선일보〉, 2022.07.26.

15 "임차료 싼 변두리에 개업한 'MZ사장님'… SNS로 입소문내 '핫플'로", 〈동아일보〉, 2022.01.24.

16 "빨강 산책로, 청록 계단… 원래는 공장입니다 - 복합문화시설로 변신하는 공장들", 〈조선일보〉, 2021.05.11.

17 "영등포 공장을 '맨해튼 명소'처럼… 롯데의 유산, 랜드마크 된다", 〈한국경제〉, 2022.03.29.

18 "애플을 향한 충성고객, 이유 있다", 〈패션포스트〉, 2020.06.22.

19 "'스세권'에 이어 '블세권'… 카페를 보면 상권이 보인다", 〈아시아경제〉, 2019.07.17.

20 "나라마다 도시마다 다른 감성, '이 매장'에 가면 알 수 있다", 〈한겨레〉, 2021.11.26.

21 "떡볶이로 유명한 신당동, 원래는 '무녀촌'이었다.", 〈오마이뉴스〉, 2013.11.21.

22 "식민시기 일본인들이 남기고 간 적산가옥의 의미와 보존", 한국문화원연합회

23 서울역사박물관 서울생활문화자료조사 〈황학동〉편

24 "코리아미트클럽 김재균·신재우·조준모 공동대표", 〈월간식당〉, 2021.03.30.

25 "신당동: 사대문 밖 사람들 - '모루'에서 '큐큐'까지", 〈eMD 메디컬 뉴스〉, 2014. 11.06.

26 부동산원 상업용 부동산 임대동향 통계. 한국부동산원은 1층을 기준으로 임대료를 집계하고 있으며 3층 이상에 연면적이 330㎡를 초과하면 중대형 상가로, 2층 이하에 연면적이 330㎡ 이하면 소규모 상가로 분류한다.

27 "'동네 주민도 안 와요' 추락할 대로 추락한 압구정로데오", 〈땅집고〉, 2020.02.25.

28 "명품 등에 업은 압구정의 부활… 강남역 제치고 올해 최대 상권", 〈조선일보〉, 2021.12.23.

29 "현시점 최고의 핫플 제조사 'CNP Company'", 〈네이버 프리미엄콘텐츠〉 빌보, 2022.04.16.

30 "'미국 맛 음식… 팬데믹 시대에 여행 간 기분' 매장 앞 긴 웨이팅도 즐거운 경험으로", 〈동아비즈니스리뷰〉, 2022.01.

31 부동산원 상업용 부동산 임대동향 통계

32 "'손님이 2배 늘었어요' 靑개방 특수로 삼청동 활기…임대문의 급증", 〈동아일보〉, 2022.05.15.

33 "'공실도 매물도 없어요' … 5년간 맥 못추던 삼청동의 부활", 〈땅집고〉, 2022.04.21.

34 우리마을가게 상권분석 서비스

35 "명동은 가장 어두운 구간 지나는 중…'빛이 보인다'" 〈한겨레〉 2022.01.27.

36 "핫플 그 이상! 도시 공간에 새로운 페이지가 될 '페이지 명동'", 〈내손안의 서울〉, 2021.12.17.

37 부동산원 상업용 부동산 임대동향 통계

38 "'코로나 충격'에 빈 상가 늘고 임대료 내려… 이태원 공실률 27%", 〈매일경제〉, 2021.01.27.

39 "'코시국 대표 관광지'된 제주… 1,200만 내국인 발길 따라 희비 엇갈려", 〈한겨레〉, 2022.01.04.

40 "제주도로 관광객이 모이는 네 가지 요인", 〈에스콰이어〉, 2017.01.12.

41 "외지인들의 식지 않는 제주 부동산 사랑", 〈한라일보〉, 2022.08.09.

42 "해외여행길 막히자 여행객 몰린 제주도 핫플레이스 Top5", 〈매일경제〉, 2021.12.20.

43 "강원 동해안 지역의 최근 지가 상승 배경 및 시사점", 한국은행 강릉본부, 2021.07.29.

44 대한서핑협회에 따르면 국내 서핑 인구는 2014년에 4만 명, 2017년 20만 명을 거쳐 2019년에는 40만 명에 이르면서 5년 새 10배 가까이 폭발적으로 증가해왔다고 한다. 서핑숍과 서핑학교 등 서핑 관련 업체 수도 2014년 50여 개에서 2017년 200여 개로 4배가량 성장했다.

45 "상승세 강원도 '양양' 땅값…이유는?", 〈국토일보〉, 2022.07.04.

46 "테라로사에서 오월커피까지… 강릉이 커피도시가 된 이유", 〈한국경제〉, 2020.07.16.

47 "축제 사라진 '겨울왕국' 강원도, 관광지 검색 1위는 '속초관광수산시장'", 〈강원도민일보〉, 2022.01.22.

48 "'MZ 핫플' 된 강원 동해안…'자고 나면 호텔·리조트 또 생겨요'", 〈한국경제〉, 2022.06.24.

부동산 트렌드 2023

초판 1쇄 발행 2022년 11월 10일
초판 9쇄 발행 2023년 2월 20일

지은이 | 김경민

발행인 | 유영준
편집팀 | 한주희, 권민지
디자인 | 김윤남
인쇄 | 두성P&L
발행처 | 와이즈맵
출판신고 | 제2017-000130호(2017년 1월 11일)

주소 | 서울 강남구 봉은사로16길 14, 나우빌딩 4층 쉐어원오피스 (우편번호 06124)
전화 | (02)554-2948
팩스 | (02)554-2949
홈페이지 | www.wisemap.co.kr

ⓒ 김경민, 2022
ISBN 979-11-89328-50-4 (03320)

• 이 책은 저작권법에 따라 보호받는 저작물이므로 무단 전재와 복제를 금합니다.
• 와이즈맵은 독자 여러분의 소중한 원고와 출판 아이디어를 기다립니다.
  출판을 희망하시는 분은 book@wisemap.co.kr로 원고 또는 아이디어를 보내주시기 바랍니다.
• 파손된 책은 구입하신 곳에서 교환해 드리며 책값은 뒤표지에 있습니다.